いますぐプライベートカンパニーを作りなさい!

サラリーマンが給料の
上がらない時代にお金を残す方法

コンサルタント・不動産投資家
石川貴康

東洋経済新報社

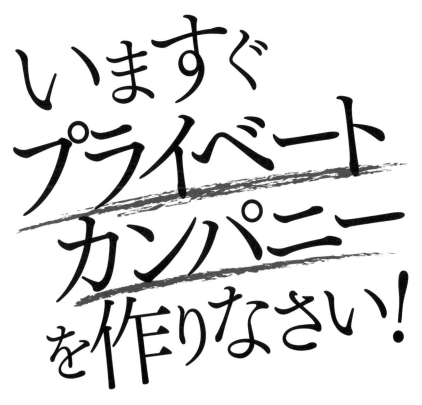

はじめに

ニッポンのサラリーマンたちは、今、かつてない苦境に立たされている。

給料は増えず、それでいて税金と社会保険料の負担は増える一方だ。少子高齢化が進む中、今後その負担はますます重くなる。ただまじめに働くだけではこの苦境を脱け出すことは難しい。

では、もう現実は変えようがないと諦めるしかないのだろうか。会社に勤められるだけましだと自分を慰めるしかないのだろうか。

ここではっきりと断言しよう。

忙しいサラリーマンでも、不動産とプライベートカンパニーと税金の知識をうまく使いこなせば、10年間で3００万から5００万円の資産を築くことができる。いや、それどころか、もっと多くの資産を築くことも可能だ。決してリスキーな方法ではない。比較的安全にそして確実に、それだけの資産形成を無理なく実現できる。

本書では、プライベートカンパニーを武器に、不動産や小規模事業による節税効果を目一杯活用することで確実に資産を築くノウハウを初公開している。

今後、サラリーマンの所得控除が減らされる中で、課税所得をコントロールできることのメリットは限りなく大きい。課税所得をコントロールできれば、手元に残るお金は増える。可処分所得が増えれば、必ず豊かさを実感できる。豊かな生活とは給料の多い生活ではない。自由に使えるお金が多い生活、それこそが豊かな生活だ。

妻子持ちのサラリーマンはもちろん、中高年のお一人様サラリーマンも、共働きカップルにとっても、自分の会社と不動産で資産を築く方法は、将来への有効な手立てである。

思い返せば、私が子どもの頃、地方の私の家の周りでは、サラリーマンはどちらかといえば少数派であった。自ら事業を興し、独り立ちしている人の方が高く評価されていたものだ。事実、商売をしている人の方がお金を稼ぎ、豊かさを満喫し、地域に貢献して、お金をよいことに使っていた。いつから「サラリーマンになること」「サラリーマンであること」が人生の目的になり、被雇用者の立場だけに甘んじるようになったのだろう。

被雇用者は、資本主義世界において、もっとも不自由な身分だ。自分のお金を自分でコントロールできない哀しい身分だ。

だが、サラリーマンとしての立場を活かしつつ、プライベートカンパニーを立ち上げれば、哀しく不自由な身分から、お金を自らコントロールできる立場にシフトできる。サラリーマンとしての「安定的な立場」を維持しながら、豊かな生活を実現できるのである。

サラリーマンよ、今こそお金をコントロールするための有効な道具であるプライベートカンパニーを立ち上げよう。小規模でもいい、事業を始め、複数の収入を実現し、お金をコントロールするのだ。私たちは資本主義の世界に生きている。プライベートカンパニーのオーナーとなって、資本主義を最大限に満喫しようではないか。プライベートでいいのだ。小規模でいいのだ。サラリーマンのままでかまわない。カンパニーを起こし、お金をコントロールし、小なりとはいえ、資本主義の主人公となって、お金を使いこなす身分になろうではないか。

本書にはそれだけのノウハウが記されている。存分に活用してほしい。

なお、税務に関しては必ず税理士に相談し、法に則ってきちんと税金を納めるべきことはいうまでもない。お金を残しつつ、きちんと納税し、社会に貢献することが私たちの務めだ。それこそが、資本主義の主人公となるための資格であると、肝に銘じておいてほしい。

著者

プライベートカンパニーとは

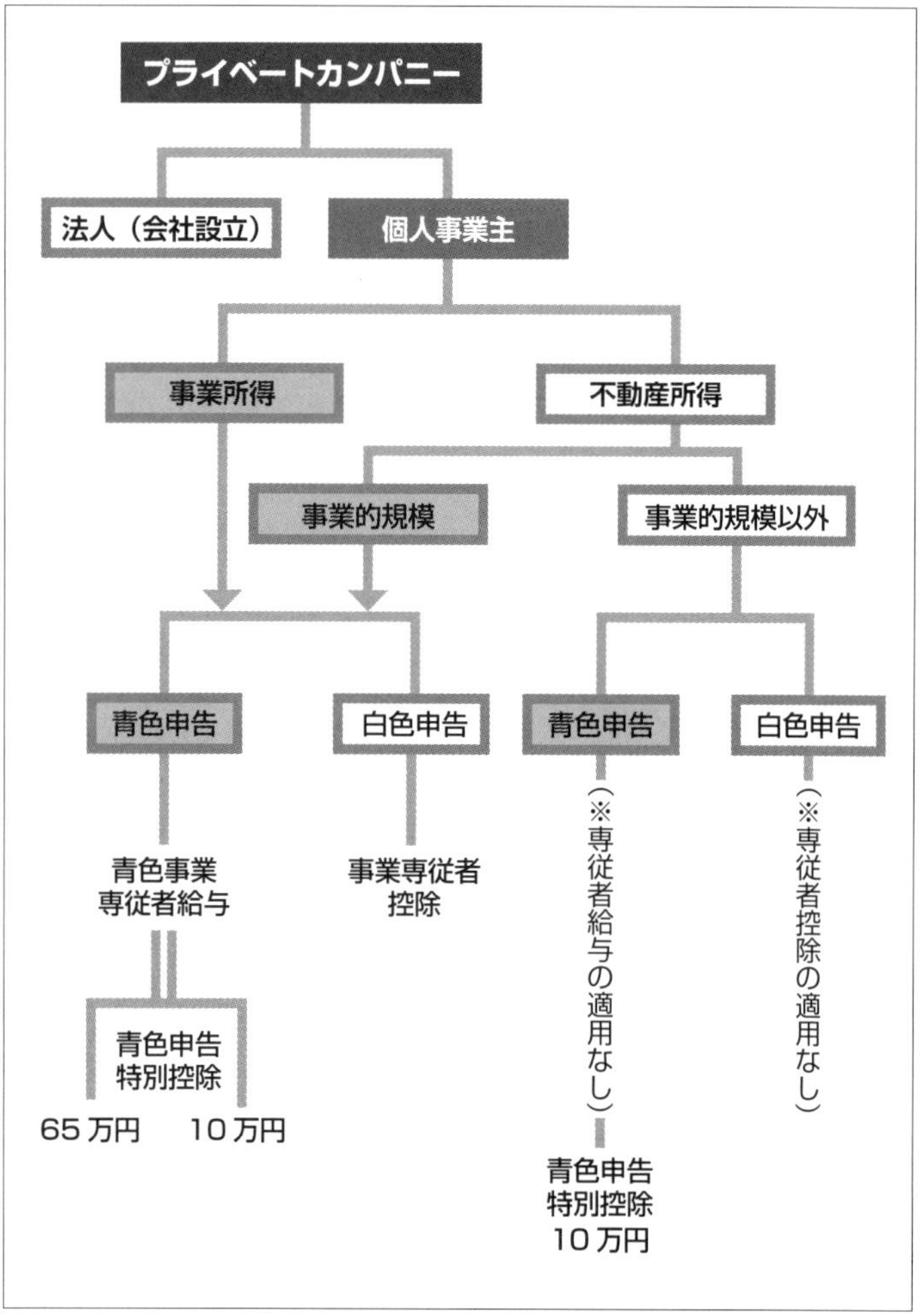

目次

第2章 サラリーマンはプライベートカンパニーという“お金の貯水池”を作れ

第3章　サラリーマンは控除を使い切るべし

第4章 サラリーマンよ、プライベートカンパニーを立ち上げろ

第5章 お金を残す実践編①

妻をプライベートカンパニーの従業員にしてお金を残せ

第6章 お金を残す実践編②
妻をプライベートカンパニーの経営者にしてお金を残せ

第7章 お金を残す実践編③
田舎の親をプライベートカンパニーの経営者にしてお金を残せ

第8章 お金を残す実践編④
お一人様にも効果絶大、不動産によるセーフティネットの作り方

第9章 サラリーマンよ、自分の〝会社〟＝〝法人〟を設立してお金を残せ

第10章 その〝会社〟は誰のもの？

第1章

これからのサラリーマンは お金を残せるのか?

第1章のポイント

● サラリーマンでも、工夫次第でお金の余裕を生み出し、お金を残せる

・平均的な収入の〝お一人様〟中年でも資産形成できたケース

・さほど豊かではないダブルインカム夫婦が老後の安心を確保したケース

● しかし、何もしないと、サラリーマンの将来のお金は苦しくなる

・サラリーマンだけではなく、専業主婦も、パート主婦も、高齢者も厳しい環境に

・政府の支援は口先だけかも？　子育て世帯も大変に

・高齢者が裕福というのはごく一部の話

・控除などのさまざまな優遇策は廃止され、流れは大増税の方向へ

● 実際、サラリーマンを取り巻く状況は厳しくなる一方

⇩サラリーマン収入、可処分所得は減少の一途

・税の優遇策が続々と廃止されている（扶養控除は縮小し、児童手当も配偶者控除も廃止の可能性）

⇩続々と実施される増税

・住民税も増税
・社会保険料も年々アップ
・相続税も増税。都会に住んでいるだけで対象になる可能性も
・消費税も8％から10％に増税

●サラリーマンも自分のお金は自分で守らなければ、厳しい現実に直面する。そのための戦略と工夫は第2章から。まずは、身近な成功例と今起きている、あるいはこれから起きるであろう実態から

1●お一人様中高年もローリスクで資産を形成できる!?

頼りになるのは自分一人。そんなお一人様中高年が増えている。

国立社会保障・人口問題研究所によれば、50歳時の未婚率（生涯未婚率、結婚したことがない人の割合）は、2010年で男性が20・14％、女性は10・61％。男性の5人に1人は未婚だ。この調査は2010年のものなので、6年後の2016年時点ではもっと増えていることが予想される。

適当な相手にめぐり合わない、経済的な余裕がない、束縛されたくないなど、未婚の男女が増えている要因はさまざまだが、先行きへの不安感は誰もが同じように抱えているのではないだろうか。頼りの年金はこの先、受給年齢が引き上げられ、受給額が減る事態もじゅうぶん考えられる。

果たして、自分はこの先、お金の心配なく生涯をまっとうできるのだろうか。金銭的に行き詰まることはないのだろうか。そんな不安にかられるのも当然だ。

だが、大丈夫。

中高年のお一人様サラリーマンでも、ローリスクで資産を持ち、プライベートカンパニーでお金をセーブし、将来に備えることはじゅうぶんに可能だ。知恵を使い、スキルを駆使することで、安心な未来を築くことができる。

要はやり方次第。まずはその一例として、不動産投資〝事業〟というプライベートカンパニーを活用することで、ローリスクでの資産形成に成功した40歳サラリーマンAさんのケースを紹介しよう。Aさんは、安全・確実に節税をしつつ、将来を担保する資産形成にこぎつけた。

これは決して特殊な例ではない。Aさんだから可能だったわけでも何でもない。ほんのちょっと発想を変え、勇気を出して一歩踏み出すだけで、経済的な余裕を得られるという好例だ。まずは、Aさんのアプローチをご覧いただこう。

2●貯金という金融資産が不動産という資産に変わった

中堅企業に勤める独身サラリーマンのAさんは、先行きに不安を感じ、不動産投資にチャレンジした。チャレンジの中身は、ワンルームマンションを購入し、家賃7万円で賃貸に出すという方法だ。

Aさんのスペックは以下の通り。

年齢　40歳
月給　35・6万円（税込）
年収　427・2万円（税込）
課税所得　239・7万円
貯金　800万円

Aさんは、毎月約3万円、年間にして約40万円の貯金をこつこつ続け、40歳までに貯蓄額を800万円にまで増やした。

しかし、このまま働き続けたとしても将来が安心・安全だとは思えない。そこで、不動産投資を思いたった。購入したのは、神奈川県川崎市のワンルームマンションだ。価格は750万円。オーナーチェンジのため、すぐに月8万円の家賃が入り始めた。決済したのは6月30日のため、その年は半年分の家賃収入が入ったことになる。

ここで、初年度の収支をまとめてみよう。

初年度：物件の購入代価750万円
不動産収入：48万円（家賃8万円×6カ月）
経費　：登記費用：20万円
：不動産取得税：7万円
：施設管理費（管理運営費＋修繕積立金）：6万円（1万円×6カ月）
：不動産管理費（家賃×5％×6カ月）：2・4万円
：減価償却費：7・8万円（15・6万円の半年分）

:合計:43・2万円

不動産収入から諸経費を差し引くと、初年度は4・8万円の黒字である。わずか4・8万円の黒字だが、初年度から収入が生まれたわけだ（減価償却費については話を簡単にするためここでは割愛）。

ワンルームマンションの購入費用として750万円を支払ってはいるが、これは投資であり、キャッシュアウト（お金が外に出て行くこと）して資産が増えている。つまり、貯金という金融資産が不動産という資産に変わったのである。

3●自由に使えるお金が増えた

Aさんの場合、翌年度から家賃収入が年間を通して入ってくるので、生活は一気に楽になる。翌年度の収支をまとめてみた。

不動産収入:96万円（家賃8万円×12カ月）

経費:施設管理費（管理運営費＋修繕積立金）:12万円（1万円×12カ月）

・不動産管理費（家賃×5％×12カ月）：4・8万円
・減価償却費：15・6万円
・合計：32・4万円

不動産収入から経費を差し引くと63・6万円となる。

収入は、サラリーマンとしての給与収入427・2万円と不動産収入96万円を合わせて、523・2万円だ。

経費を引いた所得では63・6万円が増えた格好だが、その分の税金は増えている。不動産を買わなかった場合の税金は39・4万円だが、不動産収入が増えたため、所得税21・7万円＋住民税31・7万円＝53・4万円となり、14万円も増えてしまった。

しかし、キャッシュフローとしてみれば、大幅にプラスである。

不動産所得63・6万円－増えた税金分14万円＝49・6万円

馴染みのない人にはわかりにくいだろうが、減価償却費はキャッシュが流出しない費用だ。その分は手元に残るので、Aさんの手残りキャッシュは、

不動産所得63・6万円－増えた税金分14万円＋減価償却費の手残り15・6万円＝65・2万円

税金は14万円増えたものの、自由に使えるお金が約65万円も生まれたことがおわかりいただけただろうか。投資初年度はわずかなお金だが、翌年度以降は自由なお金が生まれるのである。

このように、不動産を買うとプラスのお金が生まれていく。Aさんの場合は、年間約65万円。月にすれば約5・5万円。毎月の生活にこれだけの余裕が生まれれば、精神的にも楽だ。

もし、マンションが空き室となり、家賃収入ががくんと減って大きなマイナスが出たとしても落ち込む必要はない。サラリーマンの給与所得と不動産所得のマイナスが損益通算され、税金を少しでも取り戻すことができるからだ。

手元に残るお金は以前よりも毎月5・5万円増えたAさんだが、贅沢はせずに、今まで通り月3万円の積立て貯金を継続している。さらに不動産収入のうちから3万円を上乗せして、今までの倍の月6万円を積み立て始めた。積立てに回さない2・5万円は、生活の余裕資金として使っているので、日々の暮らしは以前よりもかなり楽になった。

このまま進めば、あと15年働くと1000万円超の貯金が作れることになる。空き室さえなければ、毎月5・5万円のプラス収入もできた。Aさんの表情にもう不安の色はない。

4 ダブルインカムで七戸のマンションを購入し、安心の老後を確保

もう一つ、地方の共働き夫婦Bさんの例も紹介したい。30代ファミリーが自宅を買うかわりにワンルームマンションを数軒買うことで、「安心の老後」を確保したというケースだ。

Bさん夫婦は、夫も妻も地味な地方企業に勤務している。どちらも月給35・6万円、年収427・2万円。家計は苦しくはないが、超富裕層というほどではない。

同い年の二人は就職後にそれぞれ月3万円貯金をしていたが、これを結婚後も続け、お互いの貯金額は月6万円。10年間続けたおかげで、30歳のときには二人の貯金額は合計で800万円に達していた。先のAさんと同じ金額である。

この貯金を使って二人はワンルームマンションを購入した。

ここまではAさんとまったく同じ。違うのはここからだ。Bさん夫婦は不動産収入の65万円のうち60万円を貯金に回した。生活資金に余裕が出たが、以前からの夫婦6万円貯金は継続したので、月の貯金は11万円に増額となった。

年間の貯金額は132万円。これだけ貯金できると、貯まるのは早い。5年余りで貯金額が750万円に達したところで、二人はまた同じようなワンルームマンションの購入に踏み切った。

ワンルームマンションが増えると収入が増えていく。こうなると面白いもので、貯金はどんどん貯まっていく。30歳で一戸目を、35歳で二戸目のワンルームマンションを購入したBさん夫婦は、40歳で三戸目のマンションを購入できた。

35歳の時点で妻は妊娠・出産しているため、収入が減った時期もあったが、不動産投資による収入と節税効果があるため、ダメージはない。さらに45歳になってから四戸目、五戸目、50歳で六戸目、七戸目と購入を続け、50歳時点での不動産収入は65万円×7戸＝455万円だ。

Bさん夫婦の収入はどちらもあまり伸びず、給与収入自体は二人とも400万円台止まりではあるが、所有する不動産が七戸に増えているため、まるで世帯に一人稼ぎ手が増えたような状態だ。経済的な余裕ができたおかげで、子どもが東京の大学に進学しても、学費や仕送りで困ることもない。

二人がさらに賢かったのは、購入していたのが都内のワンルームマンションだったことだ。東京に出た子どもがそのうちの便利な一戸に住むことで、家賃を節約できたのだ。子どもへの仕送りは4年間。このとき、Bさん夫婦は60歳になっていたが、ワンルームマンション七戸の投資により、老後資金にも余裕がある。

そして、不動産収入に関係ある経費はすべて計上し、節税を心がけた。

さらに大きかったのが、当初の積立てと不動産収入の積立て以外の定期預金をしたことだ。結婚して25年。二人は不動産収入、節税、共働きの収入を活かし、毎月、生活資金で余ったお金は定期預金に回していた。

積み立てた定期と年金、それに不動産収入とその節税分を合わせると、Bさん夫婦の老後は安泰だ。金銭的な不安はない。二人は、不動産投資によって、安心の老後に必要なだけのお金を残すことができたのである。

これは特殊な例だろうか？　大変だと思うだろうか？　そんなことはない。日常のちょっとした延長上に、小さな〝事業〟をつけ足せばいいのだ。この小さな〝事業〟を、本書では「プライベートカンパニー」と呼ぶ。

こうした工夫と正しい努力を知る必要があるのはいうまでもないが、このちょっとした学びを「めんどくさい」といって避けてはいけない。これからのサラリーマンは大変になる。いや、もうすでに大変かもしれない。

私たちは、一歩を踏み出さなくてはならない。少しでも、自分のお金のコントロール力を取り戻さないと、好きなようにお金を取られ、なくしてしまう。では、今どのようなことが起きていて、これから何が起きるのかを確認して、行動の必要性を感じていただこう。

5 ● サラリーマン受難の時代

Aさん、そしてBさん夫婦はサラリーマンを続けながら、不動産投資というプライベートカンパニーによって経済的なゆとりを手に入れ、将来の不安を解消できた。

しかし、何も手を打たなければ不安は膨らみ、経済的な危機に陥っていた可能性は大きい。というのも、現代はサラリーマンにとって受難の時代だからだ。

サラリーマンの給与所得は減少傾向にある。どれほど減少の道をたどってきたか。データをもとに検証してみよう。

サラリーマン平均年収の推移

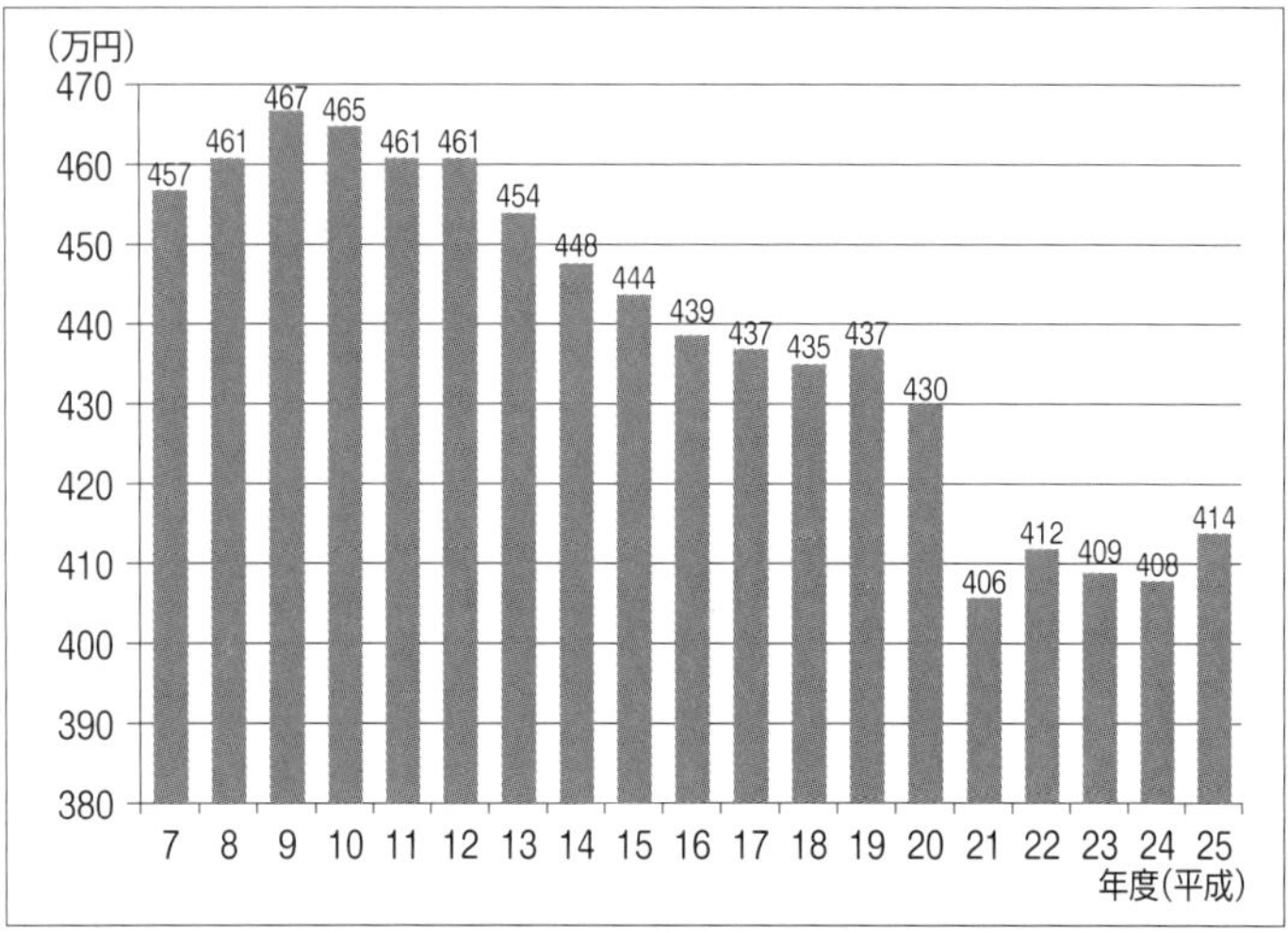

（出所）国税庁「民間給与実態統計調査」

国税庁の「民間給与実態統計調査」によれば、民間企業で働くサラリーマンや役員、パート従業員の平成25年の平均年収は４１４万円。平成24年の４０８万円と比べれば６万円（１・４％）増加はしているものの、平成10年の数字と比べると減少傾向は明らかだ。平成10年当時の平均年収は４６５万円。15年間で50万円ほど給与が減った計算になる。

リーマン・ショックで給与額が大きく落ち込んだ平成21年からはやや回復傾向にあるとはいえ、かつての水準には及ぶべくもない。サラリーマンの収入は低値安定傾向にある。

いや、これからは違う——。そんな

見方をする人もいるかもしれない。

事実、アベノミクスは一定の成果を上げ、株価が2万円近くに達し、企業は大手を中心に業績を回復したようにも見える。求人倍率も完全失業率も回復し、雇用環境は数年前と比べれば改善されているように見える。最高益を出す企業も増えた。サラリーマンの給与はこれまでの低水準から脱して、増加傾向に転じ、生活も安定すると考える人・考えたい人がいても不思議ではない。

しかし、その予想はきわめて楽観的であり、非現実的だ。

なぜなら、これからサラリーマンを取り巻く環境はもっと熾烈に、もっとシビアになっていくからだ。いや、サラリーマンだけではない。専業主婦も、パート主婦も、高齢者も厳しい環境に立たされていく。

6 ● 子育て世帯を取り巻く環境は悪化する!?

子育て世代をクローズアップしてみよう。

進行する少子化に歯止めをかけるには、子どもがいる世帯を経済的に支援する制度の充実が欠かせないはずだが、現実はそうした理想とは逆行して動いている。

大和総研金融調査部の調査によれば、実質可処分所得（可処分所得から物価上昇分を除いたもので、家計が手取りで消費税増税前の物価に換算していくら分のモノやサービスを購入できるかという水準）はすべての世帯構成や収入のケースでマイナスに陥っている。

年収1000万円の共働き世帯の場合、2011年の実質可処分所得をゼロとすると、2015年はマイナス35万円、2018年にはマイナス50万円と試算されている。

世帯年収1000万円の家庭であっても、月にして約4万円の減収だ。家計に与えるダメージは小さくない。

同じ世帯年収1000万円で、片働き世帯の場合においても負担は重くなっている。2012年6月分から、児童手当についても所得制限が設けられ、年収960万円程度以上の世帯の児童手当の支給額は減額された。子育て世帯臨時特例給付金も、児童手当の所得制限世帯に対しては給付対象外だ。2014年から2015年にかけての実質可処分所得の減少額は、5・15万円（0・7％）に及んでいる。

世帯年収が500万円の片働き世帯では、実質可処分所得は4・38万円の減額（1・1％）、年収300万円の片働き世帯では3・28万円（1・2％）の減額だ。年収が低い世帯ほど実質可処分所得の減少率が大きい。「子育てはつらいよ」の声が聞こえてきそうだ。

7●単身者と高齢者の今後の見通しは？

単身者世帯でも、自由になるお金は以前より減少している。

その原因は、実収入が減っているためだけではない。税金や社会保険料の割合を示す「非消費支出」が増えている。つまり、税金や社会保険料が増えているのである。

その上、消費税の増税もある。さまざまなシンクタンクが消費税増税が単身者にどれぐらいの影響を与えているかを試算しているが、それらによれば、年収500万円の単身世帯の実質的な可処分所得は、おおよそ収入の2％前後減少すると推定されているが、なかには5％弱の減少という試算もある。

単身者の場合、配偶者や子どもがいないことから控除とはほぼ縁がない。消費税増税の影響はストレートに財布を直撃する。独身でいるのも楽ではない。

それでは、高齢者はどうか。

介護保険制度が改定され、2015年8月から、一定以上の所得がある高齢者の介護サービス自己負担額は、1割から2割に引き上げられた。

ここでいう「一定以上の所得」とは、年間の合計所得金額が160万円以上であること。

年金収入の場合120万円が控除されるため、実際には年間280万円以上の年金収入がある人は2割負担になった。この年金収入には、企業年金、確定拠出年金から支払われる年金、遺族年金、障害年金も含まれる。

年間280万円は、月割りにすれば約23万円。余裕がありそうな数字にも見えるが、食費、光熱費、住民税に固定資産税、人によっては高額医療費も必要だろう。ローンがまだ終わっていないケースも考えられる。けっこうギリギリだ。

自宅という資産があったとしても、無収入という高齢者が大半を占めている日本。自宅は資産といいながら、修繕やバリアフリー化などの必要から、自宅が実は負債になっているということもあり得る。豊かに安心して暮らせる人は一部に限定されているのだ。

8●「103万円の壁」と「130万円の壁」が消える!?

不安にさらに追い打ちをかけるようで申し訳ないが、多くの日本人の暮らしをある程度担保していた優遇策は消滅の危機に瀕している。

筆頭が配偶者控除だ。

妻がパートで働く際には、給料収入から給与所得控除の65万円と基礎控除38万円を差し引いて所得税を計算する。つまり、給与が二つの控除の合計額である103万円以内であれば、所得税はかからない。

この配偶者控除は、給与所得者である夫にとっても節税効果が高い。妻の収入が103万円以内であれば、夫の所得税は給与所得から配偶者控除の38万円を差し引くことができるからだ。要するに、妻のパート収入が103万円以内であれば、妻には所得税がかからず、扶養者である夫の税金も少なくなる。

だから、妻はパート収入をできるだけ103万円以内に収めようとしてきた。これがいわゆる「103万円の壁」だ。だが、この103万円の壁は近い将来、過去の遺物と化しそうだ。

そして「103万円の壁」のほかに、もう一つ存在する「130万円の壁」はどうなるだろうか。

夫が会社員や公務員の場合、妻の年収が130万円以内であれば、妻の健康保険や厚生年金は夫の被扶養者となることができ、保険料を負担する必要はない。負担をせずとも、夫の健康保険に扶養家族として加入し、国民年金は保険料不要の「第3号被保険者」となることができる。この「130万円の壁」についても見直しの動きがある。

もし、これらがすべて撤廃になり、夫の扶養からはずされてしまえば、妻は即、健康保険料や国民年金保険料を自己負担しなければならない。その額は、国民健康保険料は自治体によって異なるものの、平均すると月に5000円前後。国民年金保険料は月額1万6260円（平成28年度）なので、両者を合わせると年間約24万円。パートで得られる収入と天秤にかけると、かなりヘビーな負担になる。

9●住民税の増税と社会保険料のアップ

消費増税の影に隠れてあまりクローズアップされることはなかったが、住民税も2014年6月から、実はちゃっかりと引き上げられている。住民税は、前年の所得を基準とした「所得割」と一律の「均等割」で構成され、所得割については2006年度まで、住民税は高所得の人ほど税率が上がる以下のような累進課税が採用されていた。

前年の所得200万円以下…5％、同200万円超〜700万円以下…10％、700万円超…13％。

この税制が2007年度から切り替わり、都道府県民税…前年の課税所得×4％、市町村民税…前年の課税所得×6％、と変更になっている。

つまり合計10％となり、２０１４年の増税では均等割が都道府県分、市区町村分とも年間５００円ずつ増えている。そのため、多くの地域では均等割の納税額がこれまでの年４０００円から５０００円にアップした。

引き上げられたのは住民税ばかりではない。年金、健康保険、介護保険を維持するために必要な社会保険料の負担率も右肩上がりを続けている。

増え続ける一方の社会保障費の財源をどう確保するかは日本にとっての至上命題だが、そのしわ寄せを受けているのが、個人の社会保険料負担といっていい。すでに２００４年から社会保険料負担率は毎年０・３５４％アップし、この動きは少なくとも２０１７年までは続く。

恐ろしいことに、このままの数字ではなく、より負担率が高くなる可能性もある。日本の人口構成や少子高齢化を考えれば、社会保障給付費の総枠はもっと膨らみ、負担率がさらに上がってもおかしくはない。「もっと搾り取られる」と覚悟した方がいいだろう。

そのほか、２０１５年１月１日から相続税が増税され、亡くなった親が都市部に戸建ての家を持っているような場合は、サラリーマンといえども相続税申告が必要になる可能性が高まった。この改正前の相続税の申告割合は4％。100人に4人しか申告対象とならなかったが改正後は、それが6％程度に上昇する可能性が指摘されている。相続税の増税は一介のサラリーマンにとっても決して無縁ではないのである。

そして、しんがりは消費税率アップである。

2014年4月1日、消費税率は5％から8％にアップしたが、その重みは2017年4月からさらに増すことになる。消費税率8％から10％へのアップは、間違いなく私たちのふところを直撃するだろう。

2013年時点でみずほ総合研究所が試算したデータによれば、この税率アップで年収400万円の人で5万2579円の負担増。消費税5％時代と比較すると、実に13万1448円の増加だ。

つまり、2014年3月までと比べると、毎月1万円以上、家計の負担が増えることになる。これは大きい。景気がよくなり賃金が上がれば話は別だが、増税によって世の中の景気がよくなったことは今までないし、これからもないだろう。

10●サラリーマンよ、自分のお金は自分で守れ

このように、サラリーマンを取り巻く環境は苛酷になる一方だ。控除は減り、住民税、社会保険料、相続税、消費税と全方位での増税が続いている。

とくにサラリーマンは、税金を取りやすく御しやすい存在だ。国は「取りやすいところから取る」のが常套手段。この流れは、今後も決して変わることはないだろう。

だが、心配はいらない。サラリーマンは確かに厳しい状況に立たされているが、それは「何も手段を講じないままで」という条件の下での話だ。冒頭で紹介したAさんや共働きのBさん夫婦のように、サラリーマンならではのアドバンテージをフルに活かしつつ、お金を残す方法を追求すれば、潤いのある生活を実現し、老後に備えることは不可能ではない。

そのためには、もらった給与の中から貯金を増やす、節約をして生活費を浮かすという従来型の発想だけでは足りない。そうした飼いならされた、古びた考えから抜け出し、お金に関する考え方を180度転換しなければならない。

求められているのは、新しい発想と行動力だ。

プライベートカンパニーを作り、控除の枠をしっかりと使い切り、ときには妻や両親を

経営者や従業員にして、お金を残す方法を実践しよう。

次章以降で、その具体的な方法を提示していく。増税にあえぎ、きゅうきゅうとした生活を送るのか、プライベートカンパニーを立ち上げセーフティネットを確保するのか。

自分のお金を増やし、それを守るのは自分しかいないのだ。

第2章

サラリーマンはプライベートカンパニーという〝お金の貯水池〟を作れ

第2章のポイント

● お金を残すグランドデザインを作り上げる
お金の流れをコントロールするためには、複数のお金の貯水池を作って、グランドデザインを構築することがカギとなる

● 収入、課税所得、可処分所得の違いを知る
⇩収入：額面収入、税・社会保険料控除前のお金
⇩課税所得：収入から経費を差し引き、さらに各種所得控除をした後の残金。税額計算のもととなる金額
⇩可処分所得：税・社会保険料控除後の自由に使えるお金。手取り

● お金を残すためのグランドデザインと戦略
・控除を使い切り、課税所得を下げ、可処分所得を増やす
・収入というお金の流れを複数化する（プライベートカンパニー化）
・課税所得を最小化する（経費化による税引前の支払い、所得の平準化）
・可処分所得を最大化する（プライベートカンパニーの収入・経費、節税により可処分所得を増やす）

●プライベートカンパニーで支払うと、お金が残るからくりを学ぶ
・サラリーマンは100円の収入で100円のノートは買えない
・プライベートカンパニーは100円の収入で100円のノートが買える
この違いを理解するのが重要なポイントとなる

1●お金を残すためのグランドデザイン

多くのサラリーマンにもっとも欠けているもの。それは、お金を残すための〝グランドデザイン〟である。

仕事をして働き続け、いつかはリタイアし、寿命を終えるまでの期間、どのようにしてお金を得て生活を支え、必要な出費に備えるのかを長期間にわたって描く計画や構想だ。グランドデザインは、今だけ何とかなればいい、とりあえずしのげればいいという短絡的発想の対極にある。

先の先まで見据えた構想なんて、とうてい不可能。そう思われる方も多いかもしれないが、自分がどのような人生を送りたいのかという希望に沿ってグランドデザインを描き、

お金を残す方法を考えておかなければ、これからの社会を乗り切ることは難しい。

第1章で述べたように、サラリーマンを取り巻く環境は厳しさを増している。収入は増えず、優遇策は消え、その一方で、税金や社会保険料は増え、消費税まで上がり、サラリーマンは「取りやすいところから（税金を）取る」税制の矛先になっている。手をこまねいていれば、経済的・金銭的に疲弊する将来が濃厚だ。

かといって、収入をやみくもに増やすのはそう簡単ではない。節約に励んでも焼け石に水だ。

選ぶ道はただ一つ。今こそ、手元に残すお金を増やす方法を考え、そのためのグランドデザインを明確に描き、行動に移していかねばならない。

2●二つの貯水池——課税所得と可処分所得

グランドデザインを描く上でのキーワードとなるのが、「貯水池」だ。

アメリカの著名な不動産投資家でありビジネス書作家のロバート・アレンは、ロングセラーの『億万長者入門』の中でこう述べていた。「自分の富の貯水池へ流れ込む川（収入）をいかに増やし、貯水池からこぼれだす川（支出）をいかに減らすかが重要だ」と。

私は、この「富の貯水池」は二つあると考えている。

一つは「課税所得の貯水池」。もう一つは「可処分所得の貯水池」だ。水量の多い「可処分所得の貯水池」とは、手元に残るお金が多い状態を指す。

「課税所得の貯水池」には、川から水が流入してくる。サラリーマンにとって、この貯水池に流れ込む水とは、給与にほかならない。手取りではなく給料の額面の金額であり、源泉徴収票の「支払金額」の項目に記されている数字のことだ。

「課税所得の貯水池」は「可処分所得の貯水池」につながっている。このとき「課税所得の貯水池」からは、税金という水が流れ出ていく。

この水は支払義務のある金額だ。食費は減らせても、決められた税金を払わない、あるいは減額して払うという選択肢はない。貯水池の水量によって、税金の量は決まってくる。いざ支払いという段階で、税金にあたる水量を勝手に調整する権利はあなたにはない。定められた水量を払うだけだ。

ただし「課税所得の貯水池」の水量を調整し、税金の量を減らすことはできる。狙うべきはここだ。

二つの貯水池

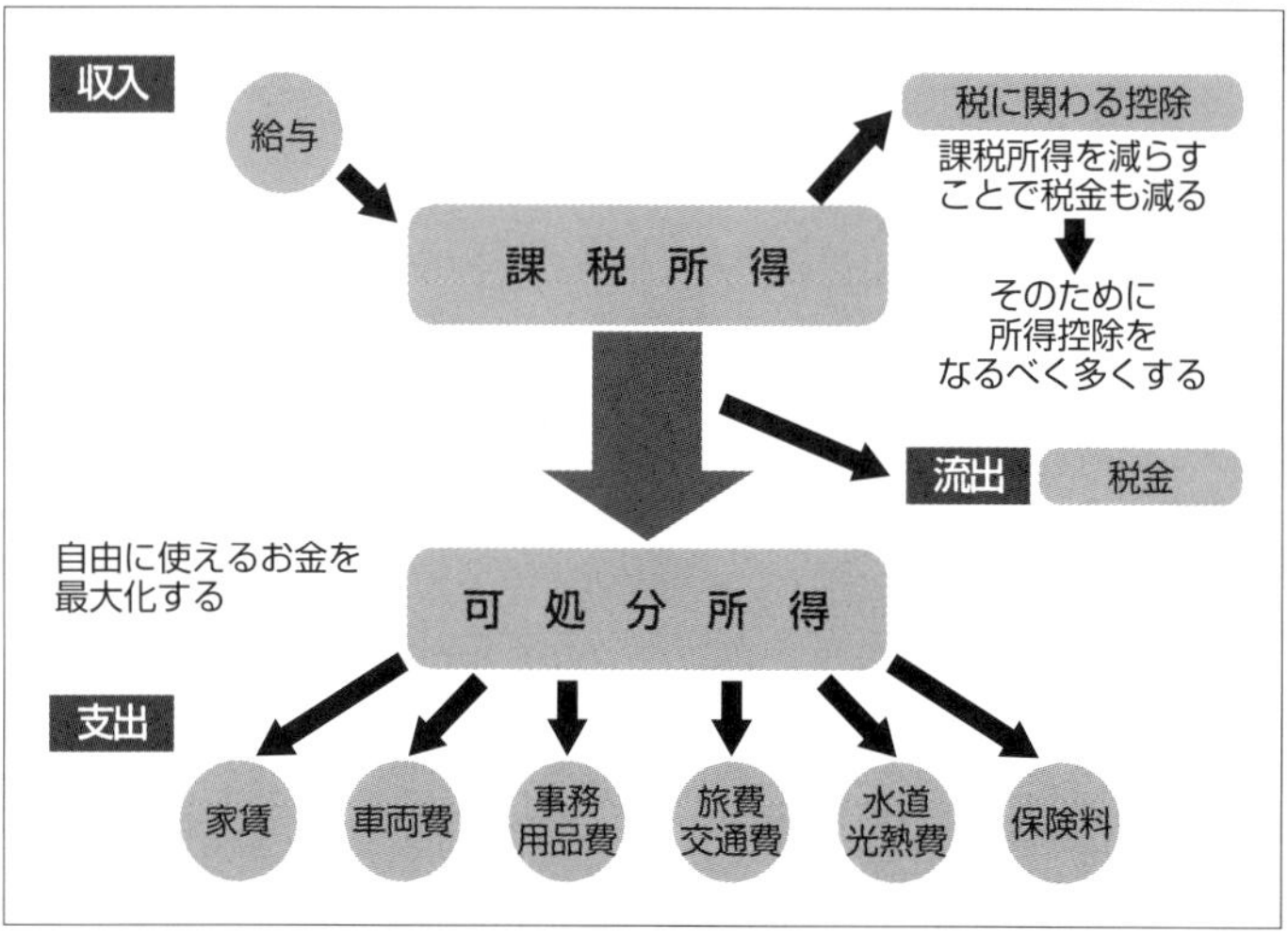

「課税所得の貯水池」の水量の調整とは、税に関わる費用（控除）を意味している。

サラリーマンには現金支出は伴わないまでも、収入を減らしてくれる費用（控除）がある。これを適用すると、課税所得の額が減り、税金が減る。結果として「可処分所得の貯水池」に多くの水をたたえることが可能になるのだ。

可処分所得を増やすために、給与収入を増やすというのはどうだろう。実は、給与が増えると税金が増えていく。思ったほど可処分所得は増えない。日本は累進課税のため、収入が増えると税金が増える構造なのだ。

可処分所得が少なければ、豊かさは実感できない。逆に、収入が少なくても、可処分所得が多ければ経済的な自由度は増す。

「可処分所得の貯水池」の水量イコール手元に残るお金の量だ。手取り、手残りといってもいい。この貯水池の水が豊富であれば、もう心配はいらない。その池には、誰の指図も受けることもなく、完全にあなただけが自由に使えるお金がたっぷりと蓄えられているのだから。

目指すべきは、手元に残る現金を最大化すること。

そのイメージを頭に刻み込んでほしい。

3●収入と所得の違いを知る

ここで、収入と課税所得、可処分所得についてはっきりと確認しておきたい。

まず、所得税額の求め方についておさらいしよう。

① 給与所得＝給与収入－給与所得控除－特定支出控除

② 課税所得＝給与所得－人的控除－その他の控除（社会保険料控除など）
③ 所得税額＝課税所得×所得税率－控除額
④ 納付する所得税額＝所得税額－税額控除額

給与収入とは給料の額面の金額だ。給与所得とは、給与収入から給与所得控除と特定支出控除を差し引いた金額のこと。給与所得控除は収入によって決められている（左表参照）。特定支出控除は、仕事のために自前で支払った交通費や図書費、研修費などだ。

例えば、給与収入が360万円以上660万円未満なら、算出式は「収入金額×20％＋54万円」である。

給与所得が仮に500万円とすれば、給与所得控除は154万円。特定支出控除がないとすれば、給与所得は346万円となる。

こうして得られた給与所得から、基礎控除や配偶者控除や扶養控除といった人的控除、社会保険料控除や生命保険料控除、医療費控除、寄附金控除などのその他の控除が引かれて、課税対象となる課税所得が算出される。

所得税の税率は、課税所得の金額によって5％から45％までの7段階に分類されている。該当する税率に課税所得を掛けて、控除額を差し引けば所得税額を算出できる。

給与所得控除の計算式（平成 28 年分）

給与等の収入金額 （給与所得の源泉徴収票の支払金額）		給与所得控除額
180 万円以下		収入金額× 40% 65 万円に満たない場合には 65 万円
180 万円超	360 万円以下	収入金額× 30%+18 万円
360 万円超	660 万円以下	収入金額× 20%+54 万円
660 万円超	1,000 万円以下	収入金額× 10%+120 万円
1,000 万円超	1,200 万円以下	収入金額× 5%+170 万円
1,200 万円超		230 万円（上限）

給与所得控除の計算式（平成 29 年分）

給与等の収入金額 （給与所得の源泉徴収票の支払金額）		給与所得控除額
180 万円以下		収入金額× 40% 65 万円に満たない場合には 65 万円
180 万円超	360 万円以下	収入金額× 30%+18 万円
360 万円超	660 万円以下	収入金額× 20%+54 万円
660 万円超	1,000 万円以下	収入金額× 10%+120 万円
1,000 万円超		220 万円（上限）

所得税の速算表（平成 27 年分以降）

課税される所得金額		税率	控除額
195 万円以下		5%	0 円
195 万円超	330 万円以下	10%	97,500 円
330 万円超	695 万円以下	20%	427,500 円
695 万円超	900 万円以下	23%	636,000 円
900 万円超	1,800 万円以下	33%	1,536,000 円
1,800 万円超	4,000 万円以下	40%	2,796,000 円
4,000 万円超		45%	4,796,000 円

（出所）国税庁ホームページ

可処分所得とは、所得から所得税や社会保険料などを差し引いた後の金額だ。個人が自由に使用できる所得の総額である。

どうにも生活にゆとりがない、家計が毎月ギリギリだ、という場合、その元凶の多くは可処分所得の少なさにある。どんなにたくさん給与をもらっていても、控除は少ない、税金や社会保険料が多いというのでは、暮らし向きに余裕が出るはずがない。

あなたは、自分の課税所得や可処分所得を正しく把握しているだろうか。給与から毎月どれぐらい引かれているか、チェックしているだろうか。

お金について考えるときには、まず収入と所得の違いを知り、可処分所得の意義について正しく把握しよう。それが、暮らし向きを豊かにし、手元にお金が残る生活構築の第一歩だ。

そのための戦略は、出て行く水の量を抑える以外にない。税金を下げるために、税率を割り出す元になる課税所得を下げるのである。

4 サラリーマンのままではお金は残らない

サラリーマンの多くは、可処分所得の中から家賃やローン、車両費、教育費、水道光熱費や保険料などを支払っている。しかし、可処分所得が減ってきているため、多くの家庭では、支出のどこを減らすべきか、そのやりくりに頭を抱えている。

そうした場合に、サラリーマンがお金を残すための方法としてまず考えつくのは、次の二つの方法だろう。

① 給与収入を増やす
② 支出を減らす

どちらも決して間違っているわけではない。ある意味、王道的な方法ではあるが、効果は極めて薄いといわざるを得ない。

なぜなら、①を目指して、給与が増えたとしても可処分所得はさほど増えない。悲しいかな、税金や社会保険料がそれにつれて増えてしまうためだ。

日本は累進課税制度を採用している。収入が増えれば増えるほど、税金や社会保険料は高くなる。細かなことをいえば、子どもが通う公立保育園の保育料も課税所得が高ければ高いほど、上がっていく。保育料（月額）は最低0円から最高7万円。課税所得によってこれだけ差がつく。

ことは保育料ばかりではない。課税所得が高くてよいことはほとんどない。収入を増やしても累進課税の下では支出が増えるだけだ。

そうなれば可処分所得も増えようがない。働けど働けど楽にならず、だ。

仮にベンチャー企業に入り、自社株を購入したり、ストック・オプションを取得したりして、その企業が上場して株価が上がったという場合には、億というお金がころがりこんでくるかもしれない。そうなれば、支出が増えたとしても手元に残るお金の額も大きい。

だが、それは極めてレアなケース。現実味は薄い。

5 節約では、さほどお金は残らない

一般のサラリーマンの場合、収入だけ増やすと、税金がどんどん膨らむ。給与の額面が増えれば気分はいいかもしれないが、しょせん国庫に貢献する分が増えるだけ。可処分所得は思ったほど多くはならない。むしろ重税感が強くなる。

収入を増やす、つまり貯水池に流れ込む水を増やす方法だけでは重税になって、苦労のわりに思ったほどの効果は得られないとなると、残るは、②の支出を減らす方法だ。

だが、ここで「節約」という方向に走るのは、ちょっと考えた方がよい。

「節約」は重要だ。それは認める。しかし、支出を減らすべく節約に明け暮れても限界がある。食費を削り、遊興費をカットし、保険を見直したとしよう。果たして、年間100万円、200万円もの節約は可能だろうか。不可能に近い。生活自体が成り立たなくなってしまう。

いや、仮に成り立ったとしても、ゆとりや潤いがなくなり、精神的にもつらくなる。それでは元も子もない。

ここで、あなたは気付かなければならない。目指すべきは、短絡的に節約に走ることだけではない。そして、収入を増やすことだけでもない。可処分所得を最大化することだ。

可処分所得が増えれば、食費を抑え、旅行を控える「節約生活」とは無縁になる。遊興費や子どもの教育費に頭を悩ますこともなくなる。

6●可処分所得を増やす四つの戦略

では、可処分所得を増やすにはどうすればいいのだろう。

方法は四つだ。もちろん、法令を遵守した方法だ。

① 控除を増やす、使い切る
② プライベートカンパニーを作って、きちんと事業収入を生み出す
③ プライベートカンパニーを作って、事業支出を計上し、課税所得側に付け替える
④ プライベートカンパニーを作って、所得を平準化し、課税所得を下げる

間違った思い込みから、やみくもに給与収入を増やし、節税に励んでも、事態は大きくは改善されない。しっかりとしたグランドデザインを描き、自分で貯水池に流れ込む水と貯水池から流れ出す水をコントロールしよう。

お金をどこの貯水池に貯めれば自分が豊かになるのか、どうすれば貯水池に水（お金）が貯まるのかを考えよう。決して手元に残らない額面の収入だけに目を奪われず、税金を減らした上で可処分所得を増やし、貯水池を満たす方法を追求しよう。

極論すれば、収入は大きくなくていい。

今までの常識とは逆だが、本当の意味で豊かになるためには、収入が大きくなくともかまわないのだ。経費を増やすこと。課税所得を小さくすること。可処分所得、つまり手取り、手残りを最大化すること。これに尽きる。プライベートカンパニーは、可処分所得と

いう貯水池に流れ込むお金の水量を最大化することを狙う、資本主義世界の重要なツールなのだ。

7 お金を残すための戦略実行①
控除を使い切り、課税所得を減らす

控除を増やす、使い切るという点においては、サラリーマンであっても何の不利もない。配偶者控除、配偶者特別控除のほか、自分で確定申告をすることで、相当な金額を取り戻すことができる控除がいくつもある。詳しくは第3章で紹介するが、所得控除としては、医療費控除、雑損控除、寄附金控除などがある。税額控除としては、住宅ローン控除やFXや株式などの配当控除がある。

サラリーマンであっても経費が控除される特定支出控除は、平成24年度に改正されて、より使いやすくなっている。業務に関する衣類や書籍・雑誌など図書の購入費用が経費として認められるようになったのだ。会社側から「業務上必要である」と承認された書類と領収書が必要だが、これまで自腹を切って負担していた人にとってはありがたい改正だ。

このような控除枠を使い切ることで、課税所得は減り、税額が下がり、手元に残るお金は自動的に増える。サラリーマンだからこそ設けられている控除も少なくない。

自分が本来享受できるはずの特典を活かし切れていない人は多いが、それではあまりにももったいない。貯水池を豊かにするチャンスをみすみすつぶしているようなものだ。

控除を使わない手はない。確定申告の手間をいとわず、与えられた特典枠はきっちりと使い切ろう。

8 ● お金を残すための戦略実行② プライベートカンパニーの立ち上げ

①の戦略実行については、現在の状態ですぐに着手できるが、お金の貯水池の水量を豊かにするには、プライベートカンパニーの立ち上げが不可欠となる。

プライベートカンパニーの内容や立ち上げ方については第4章で紹介しているので、ここでは軽くふれるにとどめたい。

「カンパニー」という名称がついているため、法人化が不可欠のように聞こえるかもしれないが、個人事業主として事業を立ち上げても、それは立派なプライベートカンパニーだ。手間もコストもそうかからない。プライベートカンパニーは、今すぐにでも立ち上げられる。

複式簿記での記帳と帳簿の保存がわずらわしく面倒だと感じるなら、単式簿記の記帳で済む白色申告でいい。白色申告の個人事業も、プライベートカンパニーだ。

法人化しないとメリットはないということもない。赤字を出しても、青色申告なら損失は3年間繰り越しが可能であり、交際費に上限はない（ただし「得意先、仕入先その他、会社の事業に関係のあるものに対する接待、供応、慰安、贈与その他これらに類する行為のために支出するもの」という法人税の規定があり、個人事業主であってもそれは同様だ）。

業種も幅広く考えよう。不動産投資、ネット通販、アフィリエイト、コンサルティングなど、幅広い業種が考えられる。古本や中古のＣＤ、ＤＶＤなどを安く買ってネットオークションで転売する「せどり」でもＯＫだ。

プライベートカンパニーを作る最大の意味は、お金を自らコントロールできないサラリーマンが、コントロールレバーを握ることができる点にある。

二つの貯水池の図（46ページ）で示したように、支出を抑えなければ「可処分所得の貯水池」の水は減ってしまう。だが、水量のコントロールレバーを手にすれば、税金を減らし、さらには事業に関わる部分の家賃や車両費、旅費といった事業に関係する支出額を、課税所得の貯水池側に付け替えることができるようになる。減らすのではない、事業支出として付け替えが可能になるのがポイントだ。
豊かになれるか否かは、コントロールレバーの有無にかかっている。

9 お金を残すための戦略実行③ 支払いコントロールでキャッシュセーブ

三番目の戦略である「プライベートカンパニーを作って、事業支出を計上し、課税所得側に付け替える」とは、経費の支払元を変更するという方法だ。

「可処分所得の貯水池」から流れ出すお金について考えてみよう。

家賃、駐車場代、通信費、保険料など、毎月必ず払わなければならない固定費はたくさんある。支出を抑えるためにこれらの固定費をカットしようとしても、限界がある。節約がすぎれば、生活に支障が出てしまう。

住宅を借りて住んでいる以上、家賃は払わざるを得ない。無駄な契約は論外だが、将来を考えると保険に入らないという選択は難しい。郊外に住んでいれば車は必須だ。今の世の中、ネットや携帯電話をまったく使わない生活は考えられない。となれば、通信費も不可欠だ。

では、固定費の削減はあきらめて、月によって変動する経費を削ればいいのだろうか。しかし、この方法もそう簡単ではない。贅沢はしなくても、ある程度の衣服費やレジャー費は発生するし、健康的な生活を送るためにも一定の水道光熱費は必要だ。支払額そのものに大きくメスを入れることは難しい。

であれば、発想を根本から変えるしかない。「どこから支払うのか」という視点で考えるのである。

選択肢は二つに一つ。課税された後の可処分所得から支払うのか。あるいは、課税所得の中で支払うのか。支払元が異なることで、自由になるお金には大きな差が出る。

一般のサラリーマンの場合、支払いは課税された後の可処分所得から行っている。だから、手元に残るお金が少なくなる。

一方、プライベートカンパニーの場合、家賃や通信費、駐車場代、水道光熱費、旅費など事業支出は、課税所得から支払うことができる。全額ではなくても一部を課税所得に回すことができる。支出を課税所得側に付け替えることができるわけだ。

それによって何が起きるのか？　税金が安くなり、可処分所得が増す。貯水池に蓄えられる水が増える。

まとめてみよう。

サラリーマンは、稼ぐ↓税金を引かれる↓可処分所得でやりくりする

プライベートカンパニーは、稼ぐ↓お金を使う↓税金を引かれる↓可処分所得でやりくりする

この順番の意味をよく噛みしめてほしい。

10 お金を残すための戦略実行④ プライベートカンパニーから支払えば残金が増える

「支出を課税所得側に付け替える」というアクションがわかりやすいように、数字をあげて説明しよう。

サラリーマンが100円のノートを買おうとしても、給与所得が100円では買うことはできない。給与所得から税金や社会保険料（仮に20％とする）が差し引かれると、実質手元には80円しか残らない。元手が足りないのである。

同じ100円のノートを買ってもこんなに違う

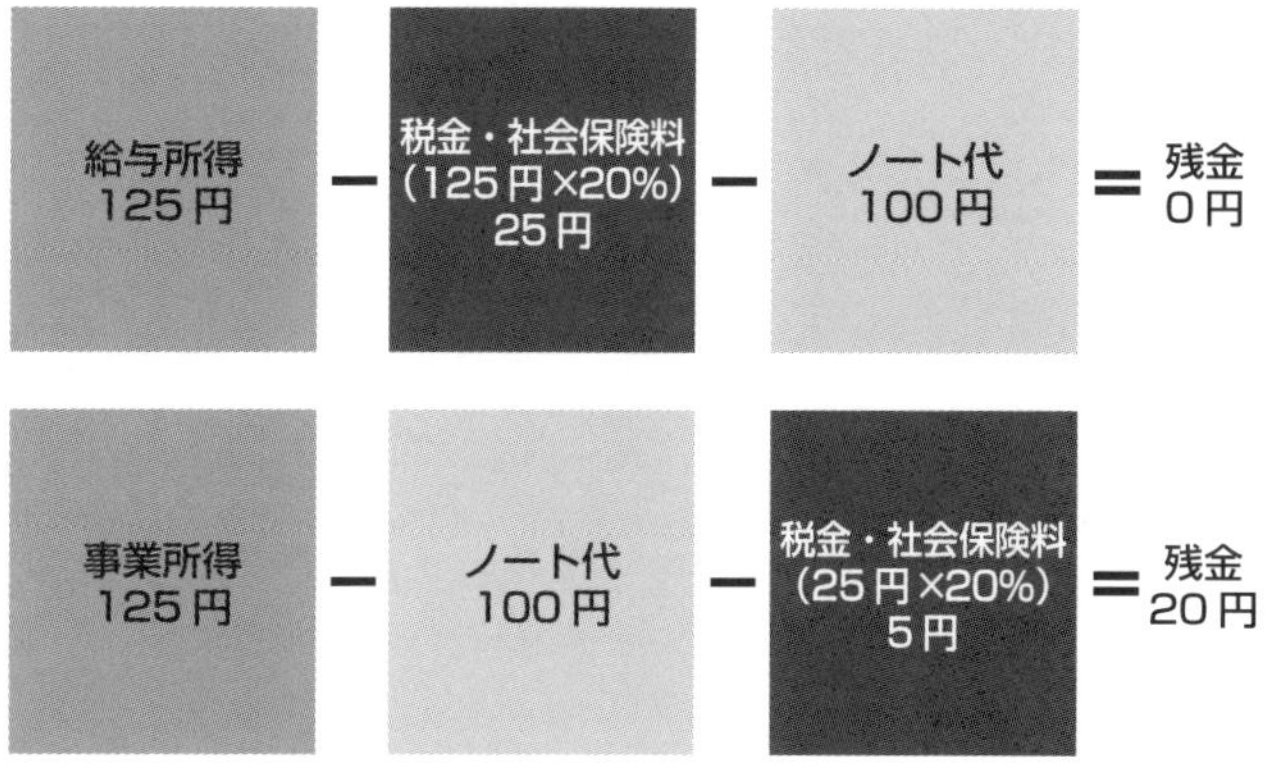

※話を簡単にするため、給与所得控除の影響は割愛

１００円のモノを買いたいのなら、逆算して１２５円の給与所得が必要だ。１２５円の20%が25円。１２５円から25円の税金・社会保険料を差し引くと１００円。サラリーマンは１２５円の給与所得で、ようやく１００円のノートを買うことができる。

ただし、買ってしまえば、残金はゼロだ。１円も手元に残らない。

これをプライベートカンパニーを作った場合と比べてみよう。

プライベートカンパニーで、１２５円の事業所得があったとする。１００円のノートは経費扱いにできるので、１２５円から経費の１００円を引いた金額が課税対象となる。つまり25円だ。

税金・社会保険料は20%なので、25円の

20％は5円。プライベートカンパニーには、たった5円の税・社会保険料しかかからない。

引かれる金額が少ないということは、手元に残るお金も増えるということ。課税所得25円から5円をマイナスすると20円。手元の残金20円が、プライベートカンパニーの可処分所得だ。

これは驚くべき結果である。とはいえ、サラリーマン収入には、給与所得控除というお金の出ていかないみなし経費がある。話が複雑になるのでこれについては割愛した。

11 お金を残すための戦略実行⑤ 課税所得を最小化し、可処分所得を最大化せよ

どちらも同じ100円のノートを買っているのに、可処分所得はかたや0円、かたや20円。税引後に買うのか税引前に買うのかで、これだけの差が出る。

これが、「プライベートカンパニーを作って支出を課税所得側に付け替える」という方法だ。

税金の額の違いについても注目してほしい。

100円のノートを可処分所得の中から買ったサラリーマンが払った税・社会保険料は25円。一方、プライベートカンパニーの方は、事業所得の中からノートを購入できるので、課税所得が少なくなり、税・社会保険料はたった5円。

サラリーマンと比べると5分の1の金額だ。しかも、こちらは残金も20円と多いのである。プライベートカンパニーの支出にできれば、税・社会保険料の出費を抑え、手元に残すお金も増やせる。プライベートカンパニーでは、業務上、必要であるとみなされれば、交通費や旅費、文房具代、OA用品も経費として計上できる。

もし、あなたが不動産投資のプライベートカンパニーを作ったとしよう。しかもその規模が事業的規模として認められたとしよう（不動産事業の事業的規模については「5棟10室」という規模を満たしているという前提）。

沖縄の不動産物件の視察に行く機会があれば、その交通費は経費で落とせる。沖縄に行ったついでに観光をしたとしても、ちょっと立ち寄る程度なら許容範囲。沖縄に自分が投資しようとする不動産を見に行った帰りに青い海を見に行くルートは、もちろん許容範囲だし、不動産業者と打ち合わせを兼ねてのちょっとした飲食費も許容範囲だ（もちろん、限度というものはある）。

これは、海外に出かけた場合も同じである。

東南アジアの不動産投資を検討したいと、現地の視察に出向いたとする。クアラルンプールやシンガポール、セブ、バンコクに仕事で行ったときの航空券代や宿泊費は、当然、経費扱いだ。海外に不動産を買って、収入が入り始めたらきちんと申告しよう。事業を営んでいるのだから、不動産を見に行ったついでに現地でちょっと観光したとしても、目的のメインが仕事であり、業務として必要な出張であれば経費として認められるだろう。現地の不動産業者や銀行員などとの打ち合わせを兼ねた飲食費も経費だ。あまり、過度なものはNGだが、「自分は客だから」とおごらせてばかりいないで、プライベートカンパニーを支えてくれる重要な事業パートナーなのだから、2回に1回は経費を持ってあげてもよいのではないだろうか。ビジネス上、お互いの絆を深めるために必要な経費なのだ。

12 お金を残すための戦略実行⑥ 所得分散で累進課税を乗り切る

可処分所得を増やす第三の戦略が、プライベートカンパニーを作って、所得を平準化し、課税所得を下げる方法だ。これも節税効果が非常に高い。

妻にプライベートカンパニーを作ってもらってもいいし、あなたがサラリーマンの副業としてプライベートカンパニーを作り、そこで妻を従業員として雇用する形でもいい。どちらにしても、この形で税金を減らすことが可能になる。

世帯の課税所得が1000万円あったとしよう。

日本の所得税率は、5％、10％、20％、23％、33％、40％、45％の7段階に分かれている（平成27年分以降）。所得が多い人ほど税率が上がる累進課税だ。課税所得が900万円超1800万円以下の場合は所得税率33％。そのまま計算すると330万円の所得税額となるが、控除額が153万6000円あるので、実際に支払う所得税は176万4000円となる。

この1000万円を、500万円ずつに分けてみよう。面白い結果が得られる。夫が500万円、妻が500万円と課税所得を分散すると、支払う所得税の額が変わってくるのだ。

課税所得が500万円の場合、所得税率は20％、控除額が42万7500円なので、

500万円×20％－42万7500円＝57万2500円　となる。

二人分の所得税は、57万2500円×2＝114万5000円　となり、一人で1000万円の所得がある場合の所得税は176万4000円だから、

176万4000円－114万5000円＝61万9000円

差し引き、61万9000円も節税できることになる。もちろん、妻にきちんとした勤務実態があることが前提だ。

みんなこぞってサラリーマンになりたがるが、こうしたファミリービジネスの利点を知っておこう。どこよりも長く世界に生き残り、世の中に貢献している企業の多くはファミリービジネスだったりするのだ。従業員の地位に甘んじず、ファミリービジネスを上位に置く考え方を持って、選択肢を多くしておくことは意味のあることではないだろうか。

13 お金を残すための戦略実行⑦ 今後ますます優遇される〝法人〟でお金を残す

プライベートカンパニーは、最初は白色申告の個人事業主として始めても構わない。会社設立なんて……、と躊躇する人には、まずは白色申告のプライベートカンパニーをお勧めしたい。気軽に誰でも始めやすく、難しい手続きや知識も不要で、費用も不要。もっともハードルが低い選択肢だ。

だが、将来的なことを考えれば、法人化した方がメリットは大きい。

所得税の累進課税制度は絶対になくならないだろうが、法人税に関していえば、今、日本は優遇化の方向にあるからだ。個人よりも法人が、税制上、優遇される傾向にある。法人所得に課せられる税金は、法人税、地方法人税、法人住民税、事業税、そして地方法人特別税の五つで構成されている。現在のところ、法人実効税率は34・62％だ。

これに対して、個人の場合、所得税は所得によって5％、10％、20％、23％、33％、40％、45％に分けられ、住民税は一律10％。住民税を単純に足すと最大55％になる。そう考えると、現時点ですでに法人の方が有利だ。

しかも、政府・与党は、法人税の実効税率を平成28年度から「数年で20％台」に下げる方針を打ち出し、平成27年度税制改正では、法人税率を現行の25・5％から23・9％に引き下げている。中小企業者で年８００万円以下の金額に対する法人税の軽減税率を15％とする特例も2年間延長された。

この流れはもう止められない。プライベートカンパニーは白色申告から始めても問題ない。最初はそれでＯＫだ。

だが、税制上、明らかに法人の方が有利な立場に置かれている。将来的には、法人化も視野に入れておきたい。

14 プライベートカンパニーが私の窮地を救った

プライベートカンパニーをぜひ多くのサラリーマンに立ち上げてほしい。そう私が考えるのは、プライベートカンパニーの必要性を身をもって体験してきたからだ。

某コンサルティング会社に勤務していた頃、私は働きすぎで身体を壊してしまった。働けなくなったのだ。

身体的な危機が経済的な危機を生み、これまで通りの生活を営んでいくのが難しい事態に直面したが、幸い、私はその前に得たボーナスでワンルームマンションを投資用に購入し、それを機にプライベートカンパニーを設立していた。

結果として、これが私の経済的な危機を救うこととなった。

私の実家はサラリーマン家庭ではない。商売を営む自営業者だ。そのため、家族の間に「現金はすぐなくなるから不動産で残しておいた方がいい」という考え方が強く根付いていた。これが功を奏したのだろう。

９００万円を投じて購入したワンルームマンションを、私は家賃７万円で賃貸に出し、コンスタントな収入を得た。このマンションを買った後、もう一つ７２０万円のワンルームマンションを購入したが、どちらも購入から13年後に売りに出した。売却価格は９９０万円と８００万円。購入価格を上回った。

元手を取り返しただけでなく、家賃収入を得た上でさらに売却益も出すことができた。家賃収入だけで、それぞれ７００万円、８００万円はあったと思う。ほとんど回収し終わっていたのだ。その上、買ったときよりも高く売れるというキャピタルゲインまで得ることができた。

正直なところ、キャピタルゲインを取るつもりも取れるつもりもなかった。買った値段で売れれば上出来だと思っていた投資用のワンルームマンションが、蓋を開けてみれば当初の予想を裏切り、私の手元に多くのお金を残してくれた。

プライベートカンパニーを作ったことで享受したメリットはたくさんある。サラリーマンを続けながら自分の会社を持つことのメリットは計り知れない。あなたにも多くのメリットを与えてくれるはずだ。

第3章

サラリーマンは控除を使い切るべし

第3章のポイント

● 払いすぎの税金を取り戻すためにも、税金を減らすためにも控除を使い切る

● 税額を下げてくれる控除には、所得控除と税額控除がある
⇩所得控除：課税所得を下げてくれる控除。課税所得が減るので税額が減る
⇩税額控除：税金から直接引くことができる控除。税額がダイレクトに減る

● 特定支出控除を使って、書籍代などサラリーマンとしての経費で課税所得を減らす。ただし、会社の承認が必要

● 所得控除を使い切る
・扶養控除：必ずしも養っている人が同居していなくても大丈夫。田舎の親などに仕送りしているのなら、控除できる可能性が高い
・医療費控除：10万円を超える医療費は控除できる。領収書をかき集めよう
・生命保険料控除：忘れずにきちんと証明書を提出しよう
・地震保険料控除：最近できた控除。地震保険をかけているなら忘れずに
・雑損控除：最近災害が多い。災害時の費用は控除できるのでお忘れなく。また、災害減免法による所得税の軽減免除という制度もある

●ふるさと納税：ちょっと変わり種だが、地域特産品ももらえてかなりブーム

税額控除

・住宅ローン控除：初年度は確定申告が必要

・配当控除：課税所得330万円（税率10％）以下なら税金が取り戻せる。自分の課税所得を確認しよう

●所得控除や税額控除は政府の政策で、いつなくなるかわからない。いつなくなってもいいように、使い切っておこう

●しかし、控除はしょせん政府による〝雀の涙〟の優遇策。課税所得を下げる王道はプライベートカンパニーだ。具体例を知りたい人は第4章以降を読もう

1 所得控除と税額控除の違いを知る

サラリーマンが受けられる控除は、以下の二つに分けられる。

① 所得控除

② 税額控除

所得控除とは、所得額から一定の金額を差し引くことができる制度のこと。税額控除とは、税額（課税対象額×税率で算出された税額）から、直接一定の金額を差し引くことができる制度だ。

所得控除額が大きければ大きいほど、課税所得（課税対象額）が少なくなるので、税額も少なくなる。税から直接マイナスできる税額控除と合わせて、どちらの控除も目一杯使いたい。

この二つの控除にはどんな種類があるのかを以下にまとめた。

所得控除……社会保険料控除、医療費控除、生命保険料控除、人的控除（配偶者控除、配偶者特別控除、扶養控除）、地震保険料控除、雑損控除、寄附金控除、基礎控除など

税額控除……住宅ローン控除、配当控除など

このうち、正しい知識をもっておきたい控除、あまり知られていない控除をピックアップして解説しよう。

2 ●特定支出控除で経費を計上

まずトップバッターは特定支出控除だ。これは忘れずにチェックしておきたい。というのも、最近制度改正があり、サラリーマンにとってグンと使いやすくなったからだ。

特定支出控除とは「仕事をする上で必要」な金額が多い場合に控除される制度。正確には所得控除のカテゴリーには入らないが、わかりやすくいうと、給与所得控除額を超えて経費を使った場合に限って、その超えた部分が所得からマイナスされる。

以前は、

① 通勤のための交通費（通勤費）
② 転勤に伴う引っ越し代（転居費）
③ 仕事で必要な技術を得るための研修の費用（研修費）
④ 仕事に必要な資格取得のための費用（資格取得費）

⑤　単身赴任で勤務地から自宅へ帰宅するまでの交通費（帰宅旅費）

の5項目しか認められなかったが、平成24年度の改正を機に、新しく次の三つの項目が追加された。

⑥　仕事で必要な書籍や定期刊行物を購入するための費用（図書費）
⑦　仕事で必要な衣服の購入費用（衣服費）
⑧　得意先に対する接待や贈答などの費用（交際費）

①～⑤は、会社が負担するケースがほとんど。⑥～⑧の項目がプラスされたことで、控除のハードルは一気に下がった。

営業マンであれば、商談の際に必要なスーツも特定支出控除の対象になる。仕事上必要な図書類や得意先への接待に要した飲食費も同様だ。

また、仕事の上で必要になりそうな資格、例えば、公認会計士、税理士、弁理士、行政書士、MBAといった資格の取得に要する費用も特定支出の対象となる。資格の学校に通っているサラリーマンや、参考書や問題集を買い込んで独学しているサラリーマンは、受講費や参考図書費を一定金額まで経費に算入することも可能だ。

ただし、青天井というわけにはいかない。⑥〜⑧の項目をすべて合わせて、上限は65万円と設定されている。それ以上は認められない。

では、特定支出控除の具体的な額は、どう算出すればいいのか。

特定支出控除は、特定支出に当たる支出が給与所得控除の半分を超える場合が対象（ただし、年収が1500万円を超える場合には125万円を超えたとき）で、算出式は次の通りである。

特定支出控除＝特定支出−給与所得控除の2分の1

給与収入500万円のサラリーマンの場合、給与所得控除は154万円（＝収入×20%＋54万円）。その2分の1は77万円となる。

つまり、特定支出が100万円あるサラリーマンの場合の特定支出控除は、100万円−77万円＝23万円　と導き出すことができる。23万円まで控除できるというわけだ。

特定支出控除は、給与所得控除の半額を「超えた」金額に限定されているので、このケースでいえば77万円を超えなければ意味がない。

また、確定申告と同様、領収書の添付が必須となる上に、会社から「そのお金は仕事で直接必要だった」という証明書を発行してもらわなければならない。あなたが勝手に「必要だった」とみなして申告することはできないのだ。

このようにいろいろな制約がある控除ではあるものの、使えるものを使わない手はない。課税対象となる金額をできるだけ減らすのが、手元に残るお金を増やす早道。自分が使っているお金が特定支出控除の対象になりそうなのかどうか、普段から意識してお金を使おう。

3●扶養控除の対象には同居していない親も含まれる

所得控除のうち、人に着目した控除が、妻や子ども、両親などを扶養にする場合に受けられる配偶者控除や扶養控除だ。

まず、扶養控除に関して、同居している妻や子ども、両親だけが扶養控除の対象と思い込んでいないだろうか?

扶養控除額

区分		所得税	住民税
一般の控除対象扶養親族（※1）		38万円	33万円
特定扶養親族（※2）		63万円	45万円
老人扶養親族（※3）	同居老親等以外の者	48万円	38万円
	同居老親等（※4）	58万円	45万円

※1　「控除対象扶養親族」とは、扶養親族のうち、その年12月31日現在の年齢が16歳以上の人をいいます。

※2　特定扶養親族とは、控除対象扶養親族のうち、その年12月31日現在の年齢が19歳以上23歳未満の人をいいます。

※3　老人扶養親族とは、控除対象扶養親族のうち、その年12月31日現在の年齢が70歳以上の人をいいます。

※4　同居老親等とは、老人扶養親族のうち、納税者又はその配偶者の直系の尊属（父母・祖父母など）で、納税者又はその配偶者と常に同居している人をいいます。

※5　同居老親等の「同居」については、病気の治療のため入院していることにより納税者等と別居している場合は、その期間が結果として1年以上といった長期にわたるような場合であっても、同居に該当するものとして取り扱って差し支えありません。ただし、老人ホーム等へ入所している場合には、その老人ホームが居所となり、同居しているとはいえません。

（出所）国税庁ホームページ、東京都主税局ホームページ

実際には、同居していない場合でも本人か配偶者の両親・祖父母は扶養控除の対象になる。扶養控除の条件とは、生計を一（いつ）にしている16歳以上の家族であること。同居の有無は関係ない。

扶養控除の対象者は所得が38万円以下（給与のみの場合は給与収入が103万円以下）が条件だ。父親が退職後に別の会社で働き始めたとか、母がパートで働いていて、収入が103万円以上あるという場合には対象外だ。別居している親にあなたが仕送りをしていて、親がその仕送り額で生活をしている場合には扶養控除の対象に含まれる。控除額は、70歳以上であれば48万円。同居している場合は58万円だ。

配偶者控除についてふれておくと、私は間違いなく、所得税が発生する「103万円の壁」、そして社会保険料がかからない「130万円の壁」は、近い将来取り払われてしまうと予想している。

民間企業は、「103万円の壁」や「130万円の壁」に合わせて「配偶者手当」の支給対象を設定していることが多い。しかし、2015年7月、日本を代表する企業であるトヨタ自動車が、年収103万円以下の配偶者に支払われていた月1万9500円の手当を廃止し、その代わりに子どもへの手当を1人当たり4倍に増額すると発表した。2016年1月以降、段階的に実施される計画だ。

トヨタが配偶者手当の廃止に踏み出したのは、労使間で「専業主婦世帯だけを優遇する内容は形を変える必要がある」と意見の一致をみたからだ。これは時代の趨勢というしかない。

人事院が全国の民間企業の給与実態を調べた2014年の「職務別民間給与実態調査」によれば、全国の従業員数50人以上の会社で家族手当制度を導入している企業の割合は76・8%に及んでいる。そのうち配偶者手当を支給している企業は92・7%。トヨタにならえとばかりに一斉に配偶者手当がなくなるとは思えないが、その流れが広がっていくことは確実だ。

4 ● 医療費控除も忘れずにしっかりと申告

多くの人が該当しているにもかかわらず、意外に忘れられがちな控除。それは医療費控除ではないだろうか。

1年間にかかった医療費をすべて計算してみてほしい。自分の分だけではなく、家族分も一緒に計算してみて、もし合計10万円以上であれば医療費控除が受けられる。対象となるのは、入院・通院費用、差額ベッド代（治療に必要な場合のみ）、それに、通院に要した交通費も含まれる。

また、病院で出た食事代、家族以外の付添人を依頼してかかった付添料金や交通費、保健師による入院付添費、医療機関によるデイサービスや在宅介護費用も対象となる。

さらにいえば、人間ドックを受け、重大疾病が発見され、そのまま治療に入ったという場合には、人間ドックの費用も控除の対象となる。

意外に見落としがちなのが、歯科医でかかった医療費である。歯科医師による診療費、治療費（金歯、金冠、義歯など）のほか、歯科ローン、発育途中の子どもの歯列矯正も医療費控除の範囲内だ。

病院で処方された薬のみならず、薬局で購入した風邪薬や胃腸薬、松葉杖、成人用おむつ（医師の「おむつ使用証明書」が必要）のほか、医師からの処方箋で眼鏡を作った場合の代金、弱視用のメガネ代、さらには海外滞在中の病気治療費も控除の対象になることを覚えておこう。

さて、かかった医療費をトータルしたら、医療保険や出産育児一時金などで補塡される金額を差し引き、さらにそこから10万円を引いた金額が医療費控除額だ。

なお、10万円に達していなくても、総所得が２００万円以下で、医療費がその５％以上となっている場合は控除されることも知っておきたい。

また共働き世帯の場合には、所得の多い方が医療費控除の確定申告をするのがベター。税額が多いため、フルに還付されやすいからだ。

5●改正された生命保険料控除

生命保険料、個人年金保険料、介護医療保険料を支払うと対象になる生命保険料控除も、サラリーマンにとって身近な控除だ。

生命保険料控除とは、1年間に払い込んだ生命保険料に応じて一定の金額が契約者（保険料負担者）のその年の所得から差し引かれる制度のこと。

この生命保険料控除は、平成23年以前（旧契約）と平成24年以降（新契約）とでは内容が変更になっているので、注意が必要だ。旧契約では、生命保険料、個人年金保険料が対象だったが、新契約では、控除の枠が二つから三つに増え、従来の生命保険料、個人年金保険料に加えて、医療保険・がん保険・介護保険も対象となった。

加入している生命保険がすべて平成23年12月31日以前の契約であれば、旧制度の適用限度額5万円が適用されるが、すべてが平成24年1月1日以後の契約であれば、新制度の適用限度額4万円が適用される。

旧契約と新契約の両方があり、両方で計算した場合は、新制度の限度額が適用される。

6 災害大国日本の地震保険控除

日本に住んでいる以上、地震を避けて生きていくことは不可能だ。地震保険に入るべきか入らざるべきかと悩んでいる人は多い。とりわけ、東日本大震災以降はその傾向が強まっているようだ。

地震保険とは、地震や噴火、またはこれらによる津波を原因とする火災・損壊・埋没・流失によって、建物が損害を受けた場合に保険金が支払われる保険のこと。地震を原因とする火災・損壊などについては、地震保険に加入している場合にのみ補償される。

平成18年分までは、住んでいる住宅や家財などにかける火災保険、身体の保障のための傷害保険、自動車保険に入っている人には損害保険料控除が適用されたが、残念ながら平成19年分から廃止されてしまった。このように控除の制度はいつも一定ではない。時代によって移り変わる。現在は、地震保険料控除のみが損害保険に関わる控除の対象だ。

損害保険のうち地震保険料部分は地震保険料控除の対象となり、地震保険料控除は、その払込保険料に応じて、一定の額がその年の契約者（保険料負担者）の課税所得金額から差し引かれる。

控除される金額は、所得税が最高5万円、個人住民税が最高2万5000円。地震に備えて地震保険に加入しているという人は現実にまださほど多くないと思われるが、入っているのなら必ずこの控除は活用したい。

なお、地震保険は火災保険とセットで加入する保険だが、火災保険については保険料控除の対象とならず、年末調整も確定申告も関係ない。

7 雑損控除と災害減免法

いろいろな控除がある中で、災害や盗難などで資産に損害を受けたときに適用になる二つの控除の存在を知っているだろうか？

雑損控除と災害減免法だ。地震や火事、台風、洪水といった自然現象による災害のほか、生物や人の行為が原因となって引き起こされた盗難、横領などによって、住宅や家財に損害があった場合に適用になる控除で、所得税法で定められている所得控除の一種だ。

といっても、この二つを同時に利用できるわけではない。年間所得1000万円以下の人は、雑損控除と災害減免法のどちらか一つを選択することができるが、年間所得が1000万円を超えている場合は、使えるのは雑損控除のみ。所得によって制限がある。

また、雑損控除と災害減免法とでは、対象となる災害の種類も違う。雑損控除が対象としているのは、

① 震災、風水害、冷害、雪害、落雷など自然現象の異変による災害
② 火災、火薬類の爆発など人為による異常な災害
③ 害虫などの生物による異常な災害

④ 盗難
⑤ 横領

ここには、雪下ろし作業の費用や、台風が去った後に行った障害物撤去に要した費用、さらには空き巣に割られた家の窓ガラスの修理費用なども含まれる。ただし、詐欺や恐喝の被害に遭った場合は雑損控除の対象とはならない。

また、雑損控除の対象となる資産は、日常生活に必要な家具、設備、衣類、住宅などに限定され、特別な用途のものや高額なものは含まれない。宝石や骨董品、毛皮といった一つ当たりの価額が30万円を超えるものは対象外だ。

一方、災害減免法が対象としているのは災害のみで、盗難や横領の被害は対象外。対象資産は、住宅や家財となっているが、被害の程度が住宅や家財の価額の2分の1以上であることが条件となっている。

雑損控除と災害減免法は、いざ自分が災害被害に遭わなければ利用することがない控除ではあるが、事前知識があるとないとではいざというときの対応が違ってくる。あとから「控除を受ければよかった」とならないように存在をインプットしておきたい。

8 ふるさと納税の特典を逃すな

地方自治体に寄附をする制度、ふるさと納税のメリットも最大限に活かしたい。

2008年にスタートしたふるさと納税とは、自治体に個人が2000円を超える寄附を行ったときには、2000円を超える部分について、通常の所得税や住民税の寄附金控除のほか、住民税所得割額の10%を上限として、住民税の特例控除が行われる制度だ。以前の控除額は住民税のおよそ1割程度だったが、2015年4月1日に税制が改正され、2割程度に拡大された。

まず、ふるさと納税の特徴を挙げてみよう。

① 税金の控除
② 特産品がもらえる
③ 使い道を特定できる
④ 複数の自治体を指定できる
⑤ 生まれ故郷でなくても構わない

②の特産品は地方色にあふれている。和牛もあれば、果物もある。米や野菜、惣菜、麺類、ワインやお茶、スイーツといった「食」関連から、ゆるキャラグッズ、工芸品まで、まさによりどりみどりだ。

こうした特産品は確かにふるさと納税の楽しいメリットではあるが、一番は①の税金の控除であることはいうまでもない。年収が高い人ほど、また子どもがいる家庭よりも夫婦共働きや独身者の方が控除金額が大きくなる。通常、あまり優遇制度の恩恵を受けていない家庭にとっては、ふるさと納税のメリットは大きい。

どれぐらいの控除が受けられるのか、総務省の試算を見てみよう。

税制改正により控除限度額が引き上げられ、扶養家族が配偶者のみの給与所得者で年収が300万円の場合、控除限度額は1万2000円から2万3000円に、年収500万円の場合は3万円から5万9000円に、年収700万円の場合は5万5000円から10万8000円にアップしている。

確定申告が不要になった手軽さもいい。

2015年3月31日まで、ふるさと納税をする人は全員確定申告が必要だったが、2015年4月1日以降、サラリーマンのふるさと納税は、以下の条件を満たしていれば、確定申告をする必要はない。

① もともと確定申告をする必要のない給与所得者等であること
② 2015年1月1日〜3月31日の間に寄附をしていないこと
③ 1年間の寄附先が5自治体以下であること

この制度を利用すると、今までは所得税からの還付、住民税からの控除だったが、所得税の軽減相当額を含めて、すべて翌年の個人住民税からまとめて控除される。

総務省のふるさと納税ポータルサイトには、シミュレーションができるページが用意されているので、ふるさと納税を行った際に税が軽減される上限額を確認してみよう。

ちなみに、夫の収入が700万円で（妻は扶養家族）、子ども2人の世帯をモデルケースに実際の控除額を算出すると次のようになる。

3万円を寄附した場合、

所得税分＝（3万円－2000円）×20％＝5600円

復興特別所得税分＝5600円×2・1％＝100円

個人住民税分＝基本控除額＋特例控除額

＝2800円＋1万9500円＝2万2300円

基本控除額＝（3万円－2000円）×10％＝2800円

特例控除額＝（3万円－2000円）×（90％－20・42％）＝1万9500円

つまり、3万円の寄附で、2万8000円（所得税5600円＋復興特別所得税100円＋個人住民税2万2300円）の税金の軽減を受けることができるのだ。

なお、寄附金の上限金額は、「年収」と「家族構成」によって変わってくる。全額免除される年間寄附金額の目安（給与収入のみで、住宅ローン控除等を受けていない方）も総務省のページには詳しく出ている。

例えば、共働きで高校生の子どもが1人いて、寄附をする本人の給与収入が500万円の場合、上限は5万9000円。共働きで高校生と大学生の子どもがそれぞれ1人いて、寄附者の給与収入が6000万円の場合は6万5000円となる（どちらも、配偶者の給与収入が141万円以上で、寄附者が配偶者（特別）控除の適用を受けていないケース）。

9●家を持ったら住宅ローン控除は絶対不可欠

税額控除の代表格は、住宅ローン控除。住宅ローンを借りると所得税や住民税の減免を受けられる控除だ。

正式名称は「住宅借入金等特別控除」。この住宅ローン控除は、住宅ローンの年末残高の1％を上限に所得税が還付される。控除を受けられる期間は、購入した翌年から10年間。控除の適用は、2019年6月末までの入居者が対象だ。

この制度を受けるためには、以下の四つの条件を満たしている必要がある。

- 所得が3000万円以下
- ローンの返済期間が10年以上残っている
- 住宅の床面積は50㎡以上
- 配偶者や同居の親族から購入した住宅ではないこと

控除の対象となる住宅は、主として居住用として利用されることが前提。その上で次のような条件が求められる。

- 住宅の新築…床面積50㎡以上
- 新築住宅の取得…床面積50㎡以上
- 既存住宅の取得…床面積50㎡以上、築後20年以内（耐火建築物は25年以内）または一定の耐震基準に適合するものであること
- 増改築等…床面積50㎡以上

肝心の控除内容だが、2014年4月〜2019年6月に入居した場合、控除対象となる借入限度額は4000万円、控除率は一律で1%。控除期間は10年なので、最大控除額は400万円となる。住民税からの控除上限額は13万6500円。12月末時点での残高の1%の金額分、所得税と住民税が還ってくる。

3000万円のローンを組んだら、住宅ローン控除はそのうちの1%なので控除額は30万円。といっても、10年間で300万円が戻ってくるわけではなく、返済が進むにつれ年々減っていく残高の1%という計算だ。ただし、所得税だけで引ききれなければ、翌年の住民税は最大で13万6500円安くなる。

この控除は、住宅ローンを組む人にとっては常識となっていると思うが、もし万が一、これまで申告していなかったという場合には、5年前まで遡って所得税の還付を受けることができるのであきらめないことだ。

なお、長期間の使用に耐えられる一定の住宅性能と維持管理の計画について、国が定める基準をクリアした住宅は「長期優良住宅」と認定され、控除対象借入限度額は5000万円、最大控除額500万円となっている。

注意したいのが、各年の12月31日までにその家に住み始めたとしても、対象となる住宅ローンの借入れがなければ、その年は住宅ローン控除を受けることができないということだ。

控除を受けられない例として、こんなケースが考えられる。

年末に「つなぎ融資」を得て、物件の引渡しを受け、晴れて新居に引っ越したものの、正式な住宅ローンの借入れが年明けとなってしまった。そんなケースでは、住宅ローン控除の対象となる「住宅ローンの年末残高」が存在しないことになり、控除適用年の延長はされないため、実質的な控除期間は1年短縮され、9年間となる。1年の違いは大きいはずだ。

10 いつか必要になるかもしれない配当控除

「私は関係ない」という方も多いかもしれないが、ＦＸや株式、投資信託などの配当控除についても予備知識は持っておきたい。いつ何どき必要になるかもしれない。

個別株式の配当金や投資信託の分配金は、税金が源泉徴収されているため、確定申告の必要はない。税率は以前10％だったが、平成26年からは20％に引き上げられ、「復興財源確保法」の施行を受けて、平成25年から平成49年までの25年間、譲渡益・配当等の所得税額に対し2・1％の復興特別所得税が課せられることになった。

要するに、平成26年以降は20・315％の税率が課せられるようになったわけだ。確定申告をしなければ、20・315％の源泉徴収のみとなる。

では、確定申告をしたらどうなのだろう。得なのか、損なのか。

確定申告で総合課税とする場合には、20・315％の源泉徴収された配当金（配当所得）を、他の所得と合算し、累進税率に基づいて税金を計算する方法を採用できる。配当控除が適用されるのはこのケースだ。

総合課税は、課税される所得が多くなればなるほど税率も上がる超過累進課税が採用されるため、自分の税率と照らし合わせて、20・315％の源泉徴収税率とどちらが高いか低いかを判断して選ぶことになる。

確定申告をして意味があるのは、ずばり、課税総所得が330万円以下の人。この場合の税率は10％だからだ。330万円が配当控除を受ける一つの指針だと見ておくとわかりやすい。なお、外貨建資産の組入れ比率が75％以上の株式投資信託の分配金は、配当控除が受けられない。分配金なら何でもOKというわけではないのである。

11●いつなくなってもいいという考えで目一杯活用せよ！

以上、絶対に使い切りたい控除について紹介した。

しかし、控除だけに頼ることはお勧めしない。なぜかといえば、控除の内容は時代によってころころと変えられてしまうからだ。

振り返ってみてほしい。

16歳未満の年少扶養親族に対する扶養控除は子ども手当の創設を機会に、平成24年度には廃止されてしまった。控除額は所得税38万円、住民税33万円だったが、それがいきなりゼロだ。

子どもが二人いる家庭では年間76万円が控除された。税率20％とすれば15万2000円。

月にすると1万円強。決して少ない金額ではない。

子ども手当（現・児童手当）は、３歳未満は月額1万５０００円、３歳〜小学校修了までは月額1万円または1万５０００円（支給対象児童数による）、中学生は月額１万円支給されているが、所得税38万円、住民税33万円の控除がはずされてしまったことを考えると、決して楽になったとはいえないだろう。

また、高等学校授業料の実質無償化に伴って、年齢16歳以上19歳未満の扶養控除額の上乗せ部分（特定扶養親族としての控除額上乗せ：所得税25万円、住民税12万円）も廃止されている。現在の扶養控除額は、所得税が38万円、住民税が33万円だ。制度が変わるたびに利用者は引っ張り回されている。

利用期間の延長や制度の見直しが繰り返されているのは、住宅ローン控除も同じだ。景気の動向や政治的な駆け引きによってちょくちょくと変更されるのが控除制度の常。法律によっていくらでも変えられる可能性がある。

今、用意されている控除の制度は目一杯使い切るべきだが、控除を全面的にあてにして生活設計をすると、はしごを外されたときにあわててしまう。

ちなみに、給付金をあてにしすぎるのもお勧めしない。平成26年4月の消費税率の引上げの影響等を踏まえ、子育て世帯に対しては「子育て世帯臨時特例給付金」の支給が決まったが、当初、対象児童1人につき1万円だった給付金が、平成27年度になると3000円に減額されている。

控除も給付金も未来永劫続くものではない。額も変われば、期間も変わる。いつなくなってもおかしくない。そうなってもいいように備えつつ、控除や給付金は目一杯活用するというのが、お金を残す上では正しい姿勢だ。

第4章

サラリーマンよ、プライベートカンパニーを立ち上げろ

第4章のポイント

- プライベートカンパニーでお金を残すことを目指す
- 事業は何でもいい。ただし、それなりの規模で継続性が必要。税務署が判断することもある。要は事業実態がちゃんとあること
- プライベートカンパニーでは、事業に関わる支出を経費にできる
- 税引後で買う場合と税引前で買う場合に必要な総収入の差を知る
  - ・サラリーマンは税引後の所得で買うので、税金＋買ったものの値段のお金が流出
  - ・プライベートカンパニーは税引前で買えるので、買ったものの値段だけのお金が流出
  - ・税引前のお金で買えて、さらに課税所得が減らせるプライベートカンパニー
- プライベートカンパニーの経費がサラリーマンの支払いをセーブしてくれる。条件を満たせば、最大で家賃の半分、仕事に関わる旅費など経費化できる
- プライベートカンパニー（個人事業主）の損失はサラリーマンの給与所得と相殺して、給与所得で支払った税金が戻ってくる。これを〝損益通算〟という

● 条件を満たせば家族にも給与が払えて、課税所得が減らせる

● パソコンや机、コピー機など仕事に使う資産も経費化

● 車や建物などの仕事に使う高額資産は、減価償却費計上で経費化

● プライベートカンパニーの種類

⇩個人事業主

白色申告：始めやすい。青色よりも手間が少ないが、青色ほどの優遇策はない

青色申告：税務署に届け出をする手間があるが、優遇策がある

・青色申告特別控除（10万円か65万円）。事業所得から控除できる

・配偶者への給与（専従者給与）が使える。事業所得から控除できる

・損失が出たら3年間繰り越しができ、翌年以降の総所得金額から控除できる

⇩法人設立

信用力も上がり、経費化できる範囲も広がる。法人は死なないので相続税がかかることはない。ただし、事業承継として自社株の相続は発生する。また、設立も運営もそれなりに手間がかかる。事業が一定以上の規模になり、継続性があるなら法人化も検討するべし。今後は間違いなく個人課税は強化され、雇用が生み出せる法人は税制上優遇される

1●プライベートカンパニーとは何か

職業はサラリーマン。それだけでは、資産を形成することは不可能だ。サラリーマンとして生きるだけでは、手元にじゅうぶんなお金を残すことは難しい。

だが、サラリーマンを辞めることなく、サラリーマンであり続けながら、資産形成を可能にする方法がある。

それが、プライベートカンパニーの立ち上げである。

プライベートカンパニーとは、厳密にいえば、オーナーやその同族といった、少数の特定事業主体（または株主）によって所有され、一般の事業（何らかの商売やビジネス）、不動産や株式や現預金といった資産を保有し管理する会社のことだが、ここでは事業を立ち上げる母体ととらえている。

個人事業主でもいいし、もちろん会社組織にしても構わない。サラリーマン以外の収入を得る母体がプライベートカンパニーだ。

「事業」とは何を指すのか？　何でもいいのか？

そんな疑問を持つ方も多いと思うが、これは本当に何でもいい。アパートを1棟買って賃貸に出すアパート経営、小規模なワンルーム1戸だっていい。不動産の場合、あまり経費が認められなくとも小規模に始め、徐々に大きくして税務署に認められる事業的規模にすればいい。事業的規模と認められないからといってそれが事業でないわけではない。趣味を活かしたネット通販、日本のモノをeBayを使って海外に輸出する事業、ホームページ作成請負、データ入力請負、セミナー講師、翻訳、何でもありだ。趣味の延長線上で考えるとアイデアが浮かびやすいかもしれない。

もちろん、本業で培ったノウハウやスキルをベースに、コンサルティングを行う事業を立ち上げたり、コーチングを手掛けたりといった事業でもOKだ。

そう考えていくと、今すぐにスタートできる商売はたくさん思い浮かぶのではないだろうか。カンパニーだと思うからハードルが高くなる。「会社」とは考えず、別の収入の「母体」と発想するところから始めよう。複数の「収入の流れ」でも、複数の収入でも、認識は何でもいい。

ただし、これだけは注意しておきたい。事業収入をきちんと作る必要があるということだ。形式として作っただけのペーパーカンパニーとプライベートカンパニーとは180度違う。作っただけ、活動実績なしでは、プライベートカンパニーとはいえず、結果的に税務署に否認され、可処分所得の最大化には役立たない。

事業はそれなりの規模で、継続性が必要だ。

といっても、それなりの規模をはっきり定義するのは難しい。サラリーマンが確定申告を要求されるのは、20万円超の別途所得を得てからになるので、最低限は20万円と想定しておこう。ただし、できるだけ20万円超を目指し、売上規模はもっと大きくしたい。そして、一過性ではなく、何年か継続したい。

というのも、日本の税法では税務職員の裁量が大きいからだ。税務職員の裁量などいい加減なものだが、これに文句をいっても仕方ない。要は文句をいわれないだけの規模と継続性を維持したい。この辺の規模・期間は専門家に相談してもいいし、本丸の税務署に聞いてみてもいい。私も税務署にはいろいろ教わった。

事業には山も谷もあるし、始めたばかりはそうそう儲からない。それでも、わずかでも売上を計上し、経費を計上すべきだ。事業にチャレンジすることで、国にとって国民の総所得が増え、めぐりめぐって納税額も増えていく。事業への優遇は国の使命であり、義務なので、ちょっとぐらい収入が小さくとも、事業として堂々と申告しよう。

2●プライベートカンパニーならこれだけの支出を経費にできる

プライベートカンパニーを作るメリットは多々あるが、中でも大きいのが、経費として落とせる項目が非常に多いことだ。

経費として計上できる項目を挙げてみた。これは個人事業主の例だ。

租税公課（個人事業税・固定資産税・不動産取得税・自動車税・登録免許税・印紙税・商工会議所や同業者組合などの会費や組合費）、旅費交通費、修繕費、外注工賃、荷造運賃、広告宣伝費、消耗品費、利子割引料、水道光熱費、損害保険料、減価償却費、地代家賃、通信費、福利厚生費、給料賃金、貸倒金

逆に経費にならないものは以下の通りだ。

事業主の給料、事業主自身の健康診断費用、敷金、事業と無関係の費用

ごらんのように、経費として計上できる項目がこんなにもある。仕事先に出向いたり、

情報交換の場へ出かけるときの交通費、仕事道具であるパソコンや携帯電話、宅配便代、文具代などはすべて経費扱いだ。

プライベートカンパニーのメリットである「経費化」について、パソコンを例に考えてみよう。

自分が使うパソコンをサラリーマンが買ったとしても、それはあくまでも私物にすぎず、経費にはならない。だが、プライベートカンパニーとしてパソコンを買った場合の代金は、事業を営んでいく上での必要経費だ。

パソコンだけではない。

交通費、ランチミーティング費用、交際費、家賃の按分費用、通信費の按分費用、光熱費の按分費用、減価償却費なども経費となる。これらを事業所得から差し引けば、利益は減る。減った利益にかかる税金は結果的に軽減される。

建物代金を毎年少しずつ費用扱いにしたり（減価償却費）、借入金利息を費用扱いにすることもできる。法人化すれば、法人契約の生命保険で保険料を経費として計上することも可能だ。

残念ながら、サラリーマンではそうはいかない。経費が使えないサラリーマンと経費が使えるプライベートカンパニー。可処分所得が増やせるのはどちらなのかはいうまでもないだろう。

3 サラリーマンは〝税引後〟で買い、プライベートカンパニーは〝税引前〟で買う

モノを買うのは〝税引後〟か〝税引前〟か。この違いは大きい。可処分所得を増やす上で有利なのは、明らかに〝税引前〟だ。

車を買うにしても、サラリーマンは〝税引後〟に買うしかないが、プライベートカンパニーなら〝税引前〟で購入し、減価償却で経費化し、ガソリンや整備費用まで経費として計上して所得を減らし、その結果、税金を減らすことができる。ただし、事業用の費用と私的に使う分を按分して計上することはいうまでもない。

サラリーマンは自分で収入や支出をコントロールできない。税金の額も固定的だ。給与収入から住民税、所得税、社会保険料を自動的に引かれてしまうというつらい足かせがあるため、それらを引いた額で何とか家計をやりくりするしかない。サラリーマンである以上、受け入れざるを得ない宿命だ。

だが、プライベートカンパニーを作ったサラリーマンなら、支出のコントロールが可能になる。税や社会保険料を引かれる前に、経費でモノが買えて、家族にも給与を支払って、課税所得を減らすことができるのである。

プライベートカンパニーの有利な点は、事業支出を増やすことで、自分の支払いを抑えることができる点にもある。

もし、プライベートカンパニーを法人化し、住みたい家があるのであれば、あなたが借りるのではなく、プライベートカンパニーが賃借人となって契約を結ぶ方法を選べばいい。その家はプライベートカンパニーの社宅となり、あなたはそこを間借りして住んでいるという形になる。このとき、あなたがプライベートカンパニーに払う家賃は、最大で大家に払う家賃の半分に設定できる。

つまり、本来であればあなたが払わなければならない家賃の2分の1をプライベートカンパニーが負担し、サラリーマンであるあなたの支払いを2分の1だけセーブしてくれるわけだ。

なお、法人設立登記の際に福利厚生規則として「社員旅行」を入れておけば、もちろん満たすべき条件があるものの、社員を連れて旅行に出かけた際の旅費が福利厚生費として認められる。

もし、その社員の一人があなたの奥さんだったら？　プライベートカンパニーの主体であるあなたのみならず奥さんを連れての旅行も社員であるのだから、経費扱いは可能という見方もできるが、プライベートカンパニー（法人）の場合、「役員賞与」として否認されることが多い。くどいようだが、野放図にできるわけではない。福利厚生規則や一般に認められる慣習的な基準もある。その点は確認が必要だ。

また、すでに紹介したように、車も経費化できる。

この場合、個人事業であってもプライベートカンパニーの業務上、車が必要になるケースでのみ購入できるわけだが、仕事で買った車を合間に個人的に乗ったとしても、経費として落とすことが否定されるわけではない。その車の用途が仕事で半分、プライベートで半分だとすれば、車に関する支出の半分を経費として計上できる。要は按分すればいいのだ。

プライベートカンパニーの業務に必要性があり、かつあなたが個人的にほしいモノがあれば、プライベートカンパニーで支出できないかと考えてみよう。プライベートカンパニーを運営しているあなた自身の支出を減らせる可能性は高い。

4 プライベートカンパニーの損をサラリーマンの所得と相殺すればお金が残る

事業所得で赤字が出たら、給与所得から引いて、税金を減らす。そんなマジックのような芸当も、プライベートカンパニーを作れば不可能ではない。これを損益通算という。

考えてみれば、損益通算はマジックでもなんでもない、当たり前のことだ。一つの事業体（事業主）が事業＝ビジネスを営んでいて、A事業では黒字、B事業で赤字なら、双方を通算して損益の合計を出すのが当たり前だ。

プライベートカンパニーが得た事業所得、不動産所得、総合課税の譲渡所得で出た損失を、給与所得などの他の所得と相殺すること、これを損益通算という。赤字の額を、他の黒字の所得から控除できる。つまり、サラリーマンは給料と合算して確定申告をすることができるのだ。

厳密にいえば、2種類以上の所得がある場合、片方が赤字、ほかが黒字のときには、この赤字と黒字を一定の順序で差引計算する制度である。

ただし、何でも損益通算の対象になるわけではない。対象となる所得は以下の通りだ。

損益通算とは

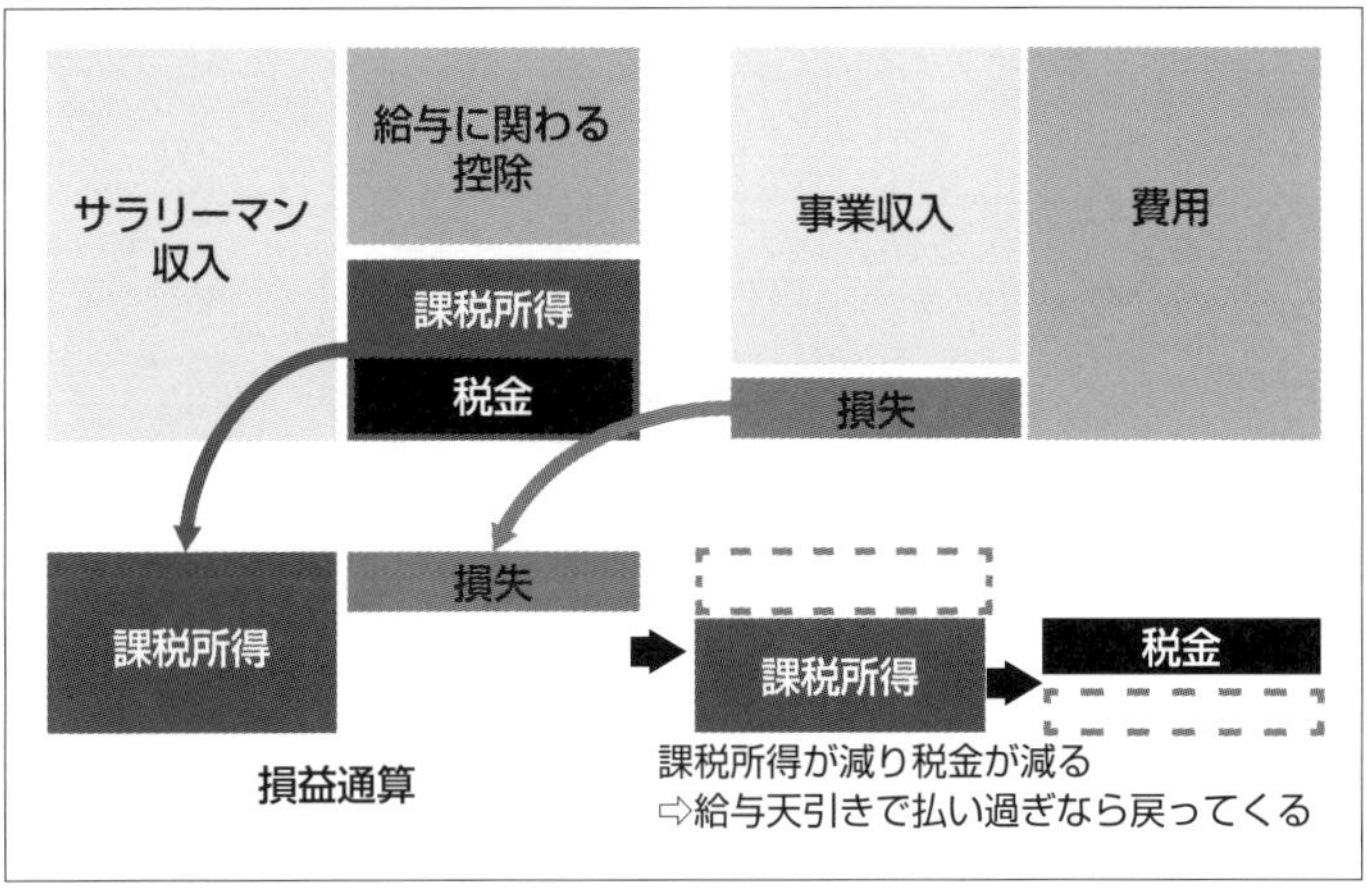

（出所）著者作成

①　不動産所得
②　事業所得
③　譲渡所得（総合課税）
④　山林所得

①～④の所得のいずれかが赤字だった場合、他の種類の黒字所得と相殺できる。損益通算や損益相殺をしてもまだ赤字が残ったら、青色申告書を提出している年分の純損失の金額として赤字分を翌年以降に繰越すことだって可能だ。

ただし、配当所得、一時所得、雑所得の損失は、損益通算の対象にならないので要注意。反復継続して事業性があれば事業所得となることをしっかりと覚えておきたい。

例えば、趣味の品をｅＢａｙで仕入れ、ネットで販売するプライベートカンパニーを立ち上げて、継続的にビジネスを展開していたとしよう。そこで２００万円の損失を出してしまった場合、あなたの給与所得が１０００万円であれば、あなたの所得は８００万円となり、損失２００万円分に相当する税金が戻ってくる。サラリーマンの給与は源泉徴収されている。先に所得税を払っている形なので、払いすぎた税金分が還付されるのだ。

不動産投資においても同じである。損益通算で20万円の還付金が入れば、それをもとにキャッシュフローの赤字を埋め、さらに現金収入を生み出すことができる。

不動産所得のマイナスの金額が給与所得より大きくなった場合にも、打つ手がある。個人事業主なら3年、繰越控除が可能だからだ。

青色申告の個人事業主の場合は期限内に損失申告書を提出し、その後連続して確定申告書を提出すれば、翌年から3年間にわたって今年残った損失を繰り越すことができる。

注意点としては、不動産所得が赤字になったとしても、土地を取得するためにかかった借入金の利子は損益通算できないということだ。これは頭に入れておきたい。

損益通算は個人事業主にとって大きな特典だが、その分、手続きは面倒といえば面倒。一定の条件・基準があり、各所得の損失を規定の順序通りに差し引き計算しなければならないからだ。

しかし、損益通算は、数ある副業の中でも、とりわけ不動産投資のプライベートカンパニーに向いている。面倒な手間をかけてでもチャレンジする価値はある。

5●プライベートカンパニーで家族を従業員にしよう

プライベートカンパニーなら、家族を従業員にして節税を図ることも可能だ。法人化して従業員として雇わなくても大丈夫。個人事業（事業所得）のプライベートカンパニーであっても家族を雇うことができるのだ（ただし、不動産所得の場合は事業的規模であることが必要）。

法的には、生計を一にしている（同じ財布で生活している）家族への給与は経費として認められていない。だが、その規定には例外がある。

① 生計を一にする親族（配偶者や親、祖父母、子ども）
② 15歳以上
③ 6カ月以上従事

青色申告者の場合、この条件を満たせば、家族に給与を払い、それを経費として認めてもらうことができる。何も同居している必要はない。ポイントは「同じ財布で暮らしているかどうか」だ。

その年を通じて6カ月を超える期間を事業に充てていれば「専従者」とみなされる。例えば、妻は土日にパートに出ているが、その他ほとんどの時間を使ってあなたが立ち上げたプライベートカンパニーの仕事に従事しているとすれば従業員扱いとされ、給与を経費で落とすことが可能だ。ただし、仮に税務調査が入った場合、青色事業専従者給与については以下の点をチェックされるので注意したい。

① 勤務実態はあるか
② 給与の額は妥当か

いざというときに不備がないよう、出勤簿やタイムカードなど、勤務状況の記録や仕事内容等を説明できる資料を揃え、給与については、実際に働いた期間や時間、仕事の内容などを鑑みて、妥当性のある金額に設定しよう。

仕事の中身と比較して給与が高すぎると判断されれば、その分は経費として認められなくなる。欲張ってはいけない。第三者を雇ったとすれば給与はどれぐらいが相場なのかを、求人情報誌や同業他社の情報などをもとに調べておくといいだろう。

6 プライベートカンパニーは資産の経費化でお金が残る

プライベートカンパニーで事業のために購入した備品は、新品・中古にかかわらず、経費計上が可能になる。

ここでいう備品とは、パソコン、机・椅子、コピー複合機、電話機など。少額減価償却資産として、白色申告の場合は10万円未満、青色申告の特例として30万円未満であれば、購入・使用開始した年度に一括して経費計上できるのだ。

しかも、必ずしも一括処理しなくてもいい。

一括で経費として計上するのか、通常の固定資産として計上し、法定の耐用年数で減価償却するのかは自分の裁量で決められる。

もし、事業収入が多く、利益がたくさん出たので、税金をできるだけ抑えたいと考えるのなら、少額減価償却資産の特例を適用して一括処理した方がいいかもしれない。

その逆に、利益が少ない年度であれば、固定資産として計上し、減価償却するのも悪くはない。事業視点で判断しよう。

なお、少額減価償却資産の特例は、1年間(12カ月)で取得価額の合計300万円までという制限が設けられている。枠を超えた分については、通常の資産として減価償却するしかない。とはいえ、一般に個人事業主が年間に300万円を超える償却資産を手に入れるのはまれだろう。通常は、ほとんど経費化できると思われる。

7 プライベートカンパニーで使える〝減価償却〟の効果

税金は、課税所得に税率を掛けて計算される。所得の金額は、収入から費用を控除して算出されるが、このときの費用は、必ずしもキャッシュアウト(お金が手元から外に出て行くこと)を伴うものばかりではない。キャッシュアウトを伴わない費用もある。

その代表格が減価償却費だ。第1章のAさんやBさんの例でも出てきた費用である。

取得価額が10万円未満、青色申告の場合には30万円未満の少額減価償却資産であれば、一括して経費計上できると述べたが、では、300万円の新車を買った場合はどうなるのか。

車両本体の購入代金は一度に経費化できないため、減価償却をする必要がある。乗用車の法定耐用年数は6年。仮に車両価格が300万円とすれば、年間50万円。300万円の車を6年間にわたって経費で落としていく。その分、手元には現金が残る。

車はプライベートカンパニーの資産として購入しているので、自動車取得税や重量税、自賠責保険も経費扱いだ。自動車税や自動車保険、車検の費用や駐車場代などのランニングコストも、事業使用分については事業所得の経費として按分計算できる。

これがサラリーマンだったらどうだろう。

プライベートで乗る車の取得にかかる費用やランニングコスト、一部であっても車両費を経費で落とすことは絶対に不可能だ。ところが、車が必要な事業を営むプライベートカンパニーを作りさえすれば、事業に使った車関連の費用を経費として落とせるのである。

プライベートカンパニーで車を買うとき、新車ではなく中古車を求めた場合には、法定耐用年数は短くなる。車の耐用年数が割り出す算式は「簡便法」と呼ばれている。その算出法は以下の通りだ。

中古資産の耐用年数＝法定耐用年数−（経過年数×0・8）
（1年未満の端数は切り捨て）

仮に、経過年数3年の中古車であれば、小数点以下は切り捨てなので、この中古車の耐用年数は3年。300万円で購入していれば、減価償却費は毎年100万円になる。

例として挙げた新車も価格は同じ300万円、毎年の減価償却費は50万円。一方、この中古車は同じ価格でありながら、毎年の減価償却費は100万円。同額の車を買った場合、中古車の方が新車より、必要経費（費用）にできる金額が大きくなるわけだ。

新車と中古車が同じ価格なら、明らかにグレードは中古車の方が上。中古とはいえ、グレードの高い車を買って、毎年落とせる経費を増やすか、新車にこだわるか。さあ、あなたはどちらを選ぶだろうか。

なお、減価償却の処理方法には、「定額法」と「定率法」の2種類がある。定額法は、耐用年数に応じて「毎年同じ額だけ」の減価償却費を計上し、定率法は、毎年、前年末の未償却残高から一定の割合で償却していく。早く減価償却費を計上したい場合には定率法を選んだ方がいい。

例えば、経過年数4年の中古車を300万円で買ったとする。経過年数4年の車の耐用年数は2年だ。定率法で減価償却費を計算すると、耐用年数2年の償却率は1・0と定められているので、この車は1年で償却できることになる。

ただし、定率法を選ぶのであれば、その年の3月15日までに税務署に届出書を出す必要があり、新たに事業を開始したときには、開始した年分の確定申告期限までに届出書を提出する必要がある。届出をしなかった場合は、所得税の法定償却方法である定額法となるので注意したい。

プライベートカンパニーで減価償却できるのは、車ばかりではない。車に始まり、建物、長期間使用するオフィス家具やパソコンなどの設備・機器・機械、ソフトウェアや営業権といった目に見えないもの、馬や果樹などの生物や植物も減価償却資産に該当する。経費化にかかる年数＝耐用年数も種類ごとに決まっている。

では、すべてのモノが減価償却できるかといえばそれも違う。

例えば、取得価額が1点100万円以上の美術品等は、原則として非減価償却資産だ。土地も利用価値が減らないため、減価償却ができない。

事務所や店舗などの賃借契約時に支払う敷金や保証金で返還されるものや、ゴルフ会員権も対象外だ。

減価償却とは、使用による価値の減少に応じて費用化していく制度と考えてほしい。土地や美術品、骨董品などは年数が経過しても利用価値が減らないとみなされているため、費用化ができない。だから減価償却資産から除外されている。

土地は対象外のため、マンションや一戸建てを購入して自宅兼事務所とした場合に、建物の部分は事業使用分の按分をしたうえで減価償却をして、購入代金を何年にもわたって経費に落とすことができる。

減価償却をうまく使って節税に努めたい。

8●プライベートカンパニーの特典が税金を減らす

プライベートカンパニーには、今まで挙げてきた以外にもいくつもの特典がある。

青色申告のプライベートカンパニーを作った場合、受けられるのが青色申告特別控除だ。複式簿記という多少手間のかかる方法で帳簿をつけて保存すれば、事業所得の場合、青色申告は10万円、または65万円の特別控除を利用できる。

65万円の特別控除を得るには、正規の簿記の原則（一般的には複式簿記）により記帳し、貸借対照表と損益計算書の作成が必要だが、今は便利な会計ソフトがいくつも登場している。

こうしたツールを活用すれば、日々の金銭のやり取りを入力しておくとすべての帳簿が自動作成される。どうせ青色申告を選ぶなら、やはり狙うのは65万円の特別控除だ。とはいえ、手間を考えれば10万円の控除でも十分効果的だ。白色申告で始めてもいいし、次のステップでは10万円の控除、その先に65万円の控除と順番を追っていってもいい。とにかく、こうした恩恵はちょっとした努力で手に入るのだから、ちょっとだけがんばろうじゃないか。

9 どのような形態のプライベートカンパニーとするか

これまで説明してきたように、プライベートカンパニーには大きく分けて二つの形がある。個人事業主と法人組織だ。それぞれのメリットをまとめてみた。

① 個人事業主のメリット

- 設立費用がかからない
- 経理・税務コストが安い
- 事業を始めるのもやめるのも簡単
- 確定申告も楽

・利益が出なければ税金がかからない
・社会保険料が低額
・交際費が全額経費になる

② 法人のメリット
・信用力がある
・経営者の給与が経費になるなど経費の幅が広い
・節税の手段が多数ある
・赤字を9年間繰り越して控除できる（個人事業主は青色申告なら3年まで）
・税率が一定
・資金調達しやすい
・決算月が自由に決められる
・有限責任

社会的信用力の高さは、間違いなく法人に軍配があがる。銀行からも融資を受けやすい。取引相手によっては、個人事業主はお断りというケースもある。

法人の場合、自分に掛ける生命保険のほか、自分や家族に支払う退職金なども経費として認められるなど節税手段も多い。そういう意味では、法人の方がアドバンテージが多いことは確かだ。

だが、法人の場合、立ち上げにも運用にもコストがかかる。廃業したいと思っても、ことはそう簡単ではない。解散登記や清算結了登記に際して費用が発生し、そうした手続きを司法書士などに依頼するとまた新たなコストが発生する。

自分にとって始めやすく、維持しやすく、自分の目的に沿ったプライベートカンパニーを起こすのが一番。選ぶのはあなたである。

10●白色申告と青色申告の違いを知る

プライベートカンパニーの形態として、まず個人事業主を選んだとしよう。

次のステップは、白色申告にするのか、青色申告にするのかという選択だ。白色と青色ではどんな違いがあるのだろう。ここで改めてまとめて確認しよう。

青色申告を選択する場合、「青色申告承認申請書」を一定の期間内に納税地の所轄税務署に届け出る必要がある。その手続きをせず、税務署から承認を受けていない申告は、すべて白色申告だ。白色に事前申請の必要はない。

メリットからいえば、青色の方が多い。

事業所得の青色申告は帳簿の付け方によって、青色申告特別控除として10万円控除か65万円控除のどちらかが適用されるが、白色申告の控除額はゼロだ。白色の事業所得の求め方は、年間の売上から必要経費を差し引くだけ。シンプルそのもののスタイルといえる。

生計を一にしている配偶者など家族への給与は、青色申告の場合は「青色事業専従者給与に関する届出書」を提出して、その記載金額が相当であると認められて、その金額の範囲内で支払いをするが、白色では専従者への給与は経費にできない。確定申告のときに「事業専従者控除」として控除することができるものの、控除額には上限があり、事業専従者が事業主の配偶者であれば86万円、配偶者でなければ専従者一人につき50万円と決まっている。

メリットが多い分、青色申告は煩雑な手間を伴う。青色申告特別控除額が10万円でよければ、単式簿記による記帳でも許されるが、65万円の控除を受けるなら、複式簿記で記帳しなければならない。

一方、白色申告であれば、単式簿記による記帳で問題ない。以前は、事業所得が３００万円以下であれば、申告者には帳簿の記帳義務はなかったが、２０１４年1月から白色申告にも記帳と帳簿保存（期間は5〜7年）が義務化された。少し面倒になったわけだ。

さて、青色申告と白色申告の違いを知ると、最低でも10万円の控除が受けられる青色申告を選ぶ方が当然のように思えなくもない。白色申告にも記帳と帳簿保存が義務付けられたこともあり、プライベートカンパニー立ち上げを勧める本の多くは、「どうせなら白色よりも青色で」とアドバイスしている。

しかし、私の意見としては、まず始めるなら「白色申告でじゅうぶん」である。

何と言っても、立ち上げの気軽さがいい。申請の手続きが一切不要で、自分が事業を始めればそれだけで個人事業主になれる。誰の許可も認可も必要ない。青色申告には所定の手続きが欠かせないし、法人化となるとさらにハードルが上がる。

記帳が必須になったとはいえ、必要なのは収入金額や必要経費をきちんと記入するだけの単式簿記だ。決算書も、収支の内訳がわかる収支内訳書だけでいい。

もちろん、複式簿記の記帳はいとわない、それよりも控除額を高くしたいという判断であれば青色申告を選んだ方がいい。

しかし、手間を考え、プライベートカンパニー立ち上げにはつい躊躇してしまうという人は、まず白色申告から始めてみてはどうだろう。タイミングを見計らって青色へとシフトするのも簡単だ。スタート地点では自分が始めやすい方法を選ぶのが一番である。

11●ちょっとがんばって青色申告

事業所得の場合の青色申告は、帳簿の付け方によって10万円か65万円の控除が受けられるのは先に述べた通りだ。個人事業主の中で、節税効果が高いのはどちらかといえば、間違いなく白色ではなく青色である。

最初は白色からスタートした場合、もし事業規模が大きくなったら白色から青色へのアップグレードをお勧めしたい。というのも、青色申告では、「損失申告」といって、損益通算をしてもなお損失が発生した場合（赤字になった場合）、確定申告を行えば、翌年以降から最長3年間にわたってその損失額（純損失）を繰り越すことが可能だからだ。

例えば、ある年、500万円の赤字を出し、翌年には400万円の黒字、その次の年は500万円の黒字だったとしよう。

1年目　500万円の赤字　⇩所得税ゼロ
2年目　400万円の黒字－500万円の赤字＝100万円の赤字　⇩所得税ゼロ

3年目　500万円の黒字−100万円の赤字＝400万円の黒字
⇩所得税は　400万円×20％−42万7500円＝37万2500円

このように、1年目は赤字のため所得税はかからない。2年目は黒字から1年目の赤字を相殺して、やはり所得税はゼロになる。3年目は、2年目に相殺しきれなかった金額（100万円）を繰り越して相殺し、課税所得は400万円。3年間で支払う所得税は40万円足らずで済む。

このように赤字の繰り越しは3年目まで可能だが、この控除を利用するには、損失（赤字）が発生した年度において、期限内に青色申告し、かつ損失が発生した年度の翌年以降、連続して申告していることが条件になる。

なお不動産投資（不動産所得）の場合は、その規模が事業的規模に達した場合のみ、青色申告で65万円の控除が受けられる。「事業的規模」が意味するのは、5棟10室。一軒家を5棟以上所有するか、アパートやマンションを10室以上所有している場合に事業的規模に達したとみなされるのだ。

5棟10室の規模に達するのは容易ではないように思えるが、いざ不動産投資を始めてみると、スピーディーに事業的規模を成し遂げる人は案外多い。サラリーマンの不動産投資は白色申告から始められるので小規模であれば白色申告でじゅうぶんだが、規模の拡大に応じて節税の必要性が高まれば青色申告にし、事業的規模に達したら65万円の特別控除枠を利用しよう。妻か夫、田舎の親や子どもに不動産の掃除や事務を頼めば青色事業専従者給与も支払える。不動産所得の場合、「事業的規模」になるとメリットが大きいのだ。

ここで、白色申告、青色申告の10万円控除、青色申告の65万円控除とでは税金がどれだけ違うかを見てみよう。

事業収入600万円、経費250万円の場合で計算してみた。

〈白色申告〉
600万円－250万円＝350万円
350万円×20％－42万7500円＝27万2500円（所得税額）

〈青色申告　10万円控除〉
600万円－250万円－10万円＝340万円
340万円×20％－42万7500円＝25万2500円（所得税額）

〈青色申告　65万円控除〉
６００万円－２５０万円－65万円＝２８５万円
２８５万円×10％－９万７５００円＝18万７５００円（所得税額）

65万円の控除を受けた場合、10万円控除の場合よりも6万５０００円、白色申告時よりも8万５０００円、所得税が減っていることがわかるだろう。


この10万円の控除と65万円の控除による差額をどう受け止めるか。

65万円という控除枠は魅力的とはいえ、人によっては、記帳の手間がかかるなら10万円控除でいいと考える人もいるかもしれない。

控除額が小さい10万円であれば、単式簿記の記帳で済む。記帳方式は、実際に現金の動きがあったときだけ計上すればいい「現金主義」。決算書の貸借対照表と損益計算書は完成させていなくても構わない。

一方、65万円の控除を受けたい場合には、複式簿記の記帳が必要で、帳簿や決算関係書類は7年間、領収書などは5年間保存しなければならない。記帳の方式は、現金の収入や支出のタイミングには関係なく、収入や支出の事実が確定した時点の日付で計上する「発生主義」。決算には損益計算書や貸借対照表が必要であり、控除額10万円と比べると確実にハードルは高くなる。

この「記帳」というハードルに煩わしさを感じる人も少なくないだろう。「数字はどうしても苦手で」と苦手意識を持つ人は少なからず存在する。かといって税理士に頼めばコストがかかる。年間で10万円程度の支出は覚悟しなければならない。そうした支出はできるだけ抑えて、可能な限り安く済ませたいという人は10万円控除、もしくはもっと簡便な白色申告で妥協するしかないのだろうか。

前述したように、今の世の中、そうした人をサポートする便利なソフトやツールがたくさん登場している。これらを駆使すれば、会計知識がじゅうぶんではない人も決算書が作れるようになる。いろいろな会計補助や申告補助のサービスもある。

こうしたサービスは一長一短があり、好みも分かれる。試してみて、自分にしっくりくるサービスを選ぼう。プライベートカンパニーを運営していくとき大きな力を発揮してくれるはずだ。

家族に支払う給与の取扱いについて、ここでもう一度おさらいしておこう。

なお、以下の説明は事業所得や事業的規模に達した不動産所得にあてはまるもので、

「5棟10室」に満たない（事業的規模に達していない）不動産所得の場合は、青色申告の事業専従者給与も白色申告の事業専従者控除も適用されないことに留意していただきたい。

白色申告の場合、家族に支払う給与は経費化することはできず「事業専従者控除」が認められるだけだ。これに対して青色申告の場合は「事業専従者給与」とみなされて、経費計上できる。このように、白色申告には「給与」という概念はないため「自由度」が高いのは、圧倒的に青色申告の方だ。

名称が違うだけではなく、白色と青色では経費にできる金額が大きく違う。白色の「専従者控除」で控除できる金額は、以下の二つのうち、低い方の金額だ。高い方ではなく、低い方であることに注意しよう。

① 事業専従者が事業主の配偶者なら86万円、配偶者以外なら専従者一人につき50万円

② この控除を行う前の事業所得等の金額を専従者の数に1を足した数で割った金額

一方、青色申告の「事業専従者給与」においては、そうした金額の制約はない。あるのは、以下の条件だけだ。

①「青色事業専従者給与に関する届出書」を納税地の税務署長へ提出
②届出書での記載方法により支払われ、実際に支払われた額が記載金額の範囲内
③青色事業専従者給与の額が、労務の対価として相当だと認められる金額である

これらの条件を満たしてさえいれば、給与は自由に設定できる。届出書に記載する金額が上限額なので、実際に支払う額はそれ以下になっても構わないが、上回ることは許されない。また、給与支払日の変更や届け出の記載額以上の給与を支払うときは、変更届出書を税務署に提出する必要がある。

なお、「青色事業専従者給与に関する届出書」の提出期限は毎年3月15日。もし、２０１６年からこの制度を利用したいなら、２０１６年3月15日までに届出書を提出する必要がある。１月16日以降に開業した場合や新たに専従者が増えた場合については、２カ月以内の提出が必須だ。

届出書には「仕事の内容」を記入する欄があるが、もっとも無難で問題がなさそうなのは総務や経理の仕事だろう。

「総務の仕事」をわかりやすくいうなら、スケジュール管理やメール管理をしたり、書

類をファイリングしたり、事務所（仕事をするスペース）の清掃・整理整頓をしたりといった作業である。「経理業務」は、領収書や資料の整理、請求書や領収書の発行・送付、支払いや集金業務が該当する。

ネットショップ、事業的規模に達した不動産投資、ウェブ制作など、プライベートカンパニーの業種は何であれ、総務や経理業務は必ず発生する。これらの仕事をやってもらうための専従者という位置付けは一番無理がなく、妥当性が高い。

家族を専従者にしてしまうと、勤怠管理がいい加減になりがちだが、税務署の税務調査対策が絶対にないとも限らない。いざというときに困らないよう、できれば勤務実態の記録はちゃんと残しておいた方がいい。簡単な形式でも構わないので、いつ何の仕事をしたかのメモはしておこう。

12 法人設立で不滅のカンパニーを目指す

これまで述べたように、基本的に私は、サラリーマンがプライベートカンパニーを立ち上げる場合、法人化の必要はないと考えている。

法人化にはコストと手間がつきもの。そのハードルを乗り越えるだけのメリットとは、個人よりも信用力が増し、経費として認められるものが増え、節税効果が高まること。しかし、そうした効果はそれなりの収益が上がってこそ発揮される。


法人税について考えてみよう。

「法人税」「法人住民税」「法人事業税」の算出方法は以下の通りだ。

法人税額＝所得×25・5％
法人住民税額＝法人税割＋均等割
法人事業税額＝所得×法人事業税率

黒字でない場合は法人税はゼロとなるが、法人住民税はそうはいかない。法人税割は、法人税額×住民税率の数式で算出されるため、所得が赤字で法人税額がゼロの場合、法人税割はゼロになるが、均等割が課せられる。

東京23区内に事業所がある場合、均等割は、法人の資本金が1000万円以下かつ従業員50人以下であれば7万円。どんなに赤字でも7万円は払わなければならない。

厳密にいえば、各自治体により実務運用が異なっているため対応はケースバイケースだが、利益が出ていないからといってただでは済まない。それが法人だ。

実は私は二つのプライベートカンパニーを法人化しているが、仮に活動を停止させて寝かせておいても毎年最低14万円の均等割を払うことになる。だから、私の持つ法人はすべて継続的に黒字を計上できるほど事業を行っているのだ。

一方、利益がゼロでも均等割がかかるのは嫌だといって、法人をたたむのも大変だ。法人をつぶすのには何十万円もの費用がかかる。プライベートカンパニーとして法人化を考えている方は、そうしたリスクも検討材料とした方がいい。

私が考える法人化のメリットは、社会的信用性の高さや計上できる経費の幅広さだけではない。

法人には、事業を永久的に継続できるという利点がある。

個人事業主としてプライベートカンパニーを起こしても、事業主が死んでしまえば、事業の継続は不可能だ。生きている間にどんなに得意先や仕入先を開拓し、事業を軌道に載せていたとしても、事業主の死亡とともに事業はジ・エンド。残された事業を妻や子どもに継承してもらうことはかなわない。

しかし、法人化しておけば、事業継承が可能になる。

法人の所有者である株主が亡くなったとしても、相続にあたっては法人の方が有利だ。

個人事業主が事業で使っていたものは、すべて相続税の課税対象になる。一定以上の相続財産については、相続人（妻や子ども）は決められた相続税率に従って相続税を支払わなければならない。

しかし、法人化しておけば状況は一変する。

法人の場合、会社が所有する資産には相続税は一切かからない。ただし、経営者が株を所有していた場合、その株には相続税がかかる。マンションなど不動産物件を所有していても、不動産管理用の管理会社を作っておけば、管理会社という法人には相続税は発生しない。資産家が不動産や財産の管理会社を設立しているのは、このメリットが大きいからだ。

ただし、相続した株の評価が高い場合、株式を相続したときの相続財産は「現金」ではなく「株式」なので、納税資金に困るケースもある。資産保有会社の場合は、株の評価が高くなりやすいというデメリットもある。

事業規模が小さければ相続について過度に心配する必要はないが、規模が拡大した暁には、残された人のことを考えておきたい。相続税対策は、専門家に相談しておこう。

第5章

お金を残す実践編①

妻をプライベートカンパニーの従業員にしてお金を残せ

第5章のポイント

- 自らプライベートカンパニーを立ち上げて、妻に専従者給与を払おう
- 妻に180万円の専従者給与を払って、何もしなければ税金になってしまった40万円が手元に残った
- もちろん、収入−経費−税金、が手残り。経費化で課税所得を下げて税金を減らそう
- 個人事業主は、所得税（国税）と住民税（地方税）がかかる
- 専従者給与の金額は月8万円と月20万円でどっちがお得？ 累進課税下では「所得の平準化」を視野に入れる
- マッサージ代の経費化は難しい

1 妻に給与を支払おう

この章では、私が青色申告の個人事業主（事業所得）となり、妻にその従業員（家族専

従者）となってもらうケースにフォーカスしよう。プライベートカンパニーの主体は個人事業主である「自分」であり、あくまで妻は「従」という立場だが、それでも節税効果は大きい。

白色申告と青色申告とでは同じ「専従者」であっても、名称や経費化できる範囲が違うことは131ページで述べた。白色なら「事業専従者控除」、青色なら「事業専従者給与」だ。白色の「事業専従者控除」の場合、金額（専従者の妻に払う給与）には上限があるが、青色の「事業専従者給与」は、以下の三つの条件を満たしてさえいれば、いくらにでも設定できる。もちろん、世間の相場から大きくはずれた給与設定は難しい。常識の範囲内での設定が前提だ。

①「青色事業専従者給与に関する届出書」を納税地の税務署長へ提出
②届出書での記載方法により支払われ、実際に支払われた額が記載金額の範囲内
③青色事業専従者給与の額が、労務の対価として相当だと認められる金額である

ここで注意しなければならないのは、妻に所得税と住民税が発生してしまうことだ。夫の税金が減っても、妻の所得税と住民税が増え、世帯内で負担しなければならない税金が

以前と変わらないのであれば、妻を専従者にする意味がない。世帯全体として税金を抑えることが重要だ。

また、妻に支払った給与は夫から妻に流れる金額であり、外部に流出するものではない。それでいて、本来であれば税金として流出していたはずのお金が手元に残るわけだ。

これが、第三者を従業員として雇っていると、そうはいかない。その従業員に支払う給与は家庭の外へ出ていき、手元には一切残らない。家族を専従者にするメリットを理解していただけただろうか。

2 節税効果を最大化するために知っておきたい税の仕組み

このように、青色事業専従者給与は、個人事業主が節税できる金額と専従者が払う税金とのバランスを見ながら設定する必要がある。

果たしてどれぐらいの額であれば、もっとも税金を効果的に抑えられるのか。それを探るために、まず支払わなければならない税金である所得税、住民税のほかに、地方に納める個人事業税のそれぞれの求め方を把握しておきたい。

というのも、この計算式を知ることが節税効果の最大化に直結するからだ。税の仕組みを知るのは基本中の基本。どこをどう減らせば税金を軽減できるかをつかめるように、それぞれの計算式を頭の中にたたきこんでほしい。

まず、所得税については以下の計算式で算出されている。

所得税＝（事業収入－必要経費－専従者給与－各種所得控除）×所得税率－控除額

住民税は、都道府県民税と市区町村民税の合計額。計算式は以下のようになっている。

総所得金額－所得控除＝課税所得
住民税＝課税所得×税率－控除額＋均等割

所得税にも住民税にも「所得控除」という項目が登場するが、これは、基礎控除のほか、扶養控除や配偶者控除、生命保険料控除、地震保険料控除などのこと。「所得控除」という名称は同じでも、所得税と住民税とでは控除額が違う。

例えば、基礎控除の場合、所得税は38万円なのに対して住民税は33万円。生命保険料控除は所得税が最大12万円、住民税が最大7万円、地震保険料控除は所得税が最大5万円、住民税が最大2万5000円だ。

住民税率は、課税所得金額に対し一律10％なので覚えやすい。市区町村民税6％、都道府県民税4％を合算した数字である。

均等割は、収入に関係なく課税される税金で、各自治体によってまちまち。東京都の場合は5000円だ。

個人事業主にならない限り、知る機会がほとんどないであろう個人事業税は、一律年間290万円という事業主控除が設けられている。そのため、計算式としては以下のようになる。なお、青色申告特別控除は、この個人事業税には適用されない。

個人事業税＝（事業収入－必要経費－専従者給与－290万円）×税率（5％）

ここでは税率5％としているが、この数字は業種によって異なる。3％や4％の業種もある。ただし、3％の業種は、あんま・マッサージ・指圧・はり・きゅう・柔道整復・その他の医業に類する事業や装蹄師業、4％は畜産業・水産業・薪炭製造業と、かなり特殊な業種に限られるので、一般的には5％と考えて差し支えない。

個人事業主の所得税は、課税所得195万円以下の場合、税率5％と低いため、専従者

所得控除額一覧表

種類	平成27年度住民税の所得控除額	平成26年分の所得税の所得控除額
雑損控除	下記の(1)か(2)のうち多い額 (1) 損失額(保険金等の補償額を除く) －総所得金額等×10% (2) 災害関連支出の金額－50,000円	同　左 (注) 総所得金額等により控除額に差が生じることがあります。
医療費控除	〔平成26年度中に支払った医療費(保険金等の補填額を除く。)〕－〔総所得金額等〕×5% (注) 10万円超は10万円 控除限度額＝200万円	同　左 (注) 総所得金額等により控除額に差が生じることがあります。 (平成26年中に支払った医療費の額で計算)
社会保険料控除	平成26年中に支払った額	平成26年中に支払った額
小規模企業共済等掛金控除	平成26年中に支払った額	平成26年中に支払った額
生命保険料控除	(1) 一般の生命保険料 (平成23年以前加入)・・最高35,000円 (平成24年以後加入)・・最高28,000円	・・・・・・・・・・・・・・・・・・最高50,000円 ・・・・・・・・・・・・・・・・・・最高40,000円
	(2) 介護医療保険料 (平成24年以後加入)・・最高28,000円	・・・・・・・・・・・・・・・・・・最高40,000円
	(3) 個人年金保険料 (平成23年以前加入)・・最高35,000円 (平成24年以後加入)・・最高28,000円	・・・・・・・・・・・・・・・・・・最高50,000円 ・・・・・・・・・・・・・・・・・・最高40,000円
	(1)＋(2)＋(3)限度額はあわせて70,000円	(1)＋(2)＋(3)限度額はあわせて120,000円
地震保険料控除	地震保険料・・・・・・・・・最高25,000円 経過措置として、平成18年末までに締結した長期損害保険契約等に係る支払保険料については、従前の損害保険料控除を適用する。・・・・・・・・・・・・最高10,000円 地震保険料控除と経過措置を併用する場合 ・・・・・・・・・・・・・・・・・最高25,000円	・・・・・・・・・・・・・・・・・・最高50,000円 経過措置として、平成18年末までに締結した長期損害保険契約等に係る支払保険料については、従前の損害保険料控除を適用する。・・・・・・・・・・・・最高15,000円 地震保険料控除と経過措置を併用する場合 ・・・・・・・・・・・・・・・・・最高50,000円
障害者控除	本人・控除対象配偶者・扶養親族 (一人につき)・・・・・・・・・・・・・26万円 (特別障害者の場合は・・・・・・・30万円) (控除対象配偶者又は扶養親族が同居の特別障害者の場合・・・・・・・・・・・53万円)	・・・・・・・・・・・・・・・・・・・・・・27万円 (・・・・・・・・・・・・・・・・・・・・・40万円) (・・・・・・・・・・・・・・・・・・・・・75万円)
寡婦(寡夫)控除	本人が寡婦又は寡夫・・・・・・・・・26万円	・・・・・・・・・・・・・・・・・・・・・・27万円
	特定の寡婦・・・・・・・・・・・・・・30万円	・・・・・・・・・・・・・・・・・・・・・・35万円
勤労学生控除	本人が勤労学生・・・・・・・・・・・・26万円	・・・・・・・・・・・・・・・・・・・・・・27万円
配偶者控除	・・・・・・・・・・・・・・・・・・・・・・33万円	・・・・・・・・・・・・・・・・・・・・・・38万円
	70歳以上の配偶者・・・・・・・・・38万円	・・・・・・・・・・・・・・・・・・・・・・48万円
配偶者特別控除	・・・・・・・・・・・・・・・・・・最高33万円	・・・・・・・・・・・・・・・・・・最高38万円
扶養控除	一般の扶養親族・・・・・・・・・・・・33万円 (16歳以上19歳未満)	・・・・・・・・・・・・・・・・・・・・・・38万円
	特定扶養親族・・・・・・・・・・・・・45万円 (19歳以上23歳未満)	・・・・・・・・・・・・・・・・・・・・・・63万円
	一般の扶養親族・・・・・・・・・・・・33万円 (23歳以上70歳未満)	・・・・・・・・・・・・・・・・・・・・・・38万円
	老人扶養親族(70歳以上)・・・・38万円	・・・・・・・・・・・・・・・・・・・・・・48万円
	老人扶養親族のうち同居老親等・・45万円 (70歳以上)	・・・・・・・・・・・・・・・・・・・・・・58万円
基礎控除	・・・・・・・・・・・・・・・・・・・・・・33万円	・・・・・・・・・・・・・・・・・・・・・・38万円

(注1) 上記表の寡婦(寡夫)控除から扶養控除までは、所得要件があります。
(注2) 特定の寡婦とは、前年の合計所得金額が500万円以下で、扶養親族の子がいる場合をいいます。
(注3) 上記のうち、障害者控除・寡婦(寡夫)控除・勤労学生控除・配偶者控除・配偶者特別控除・扶養控除・基礎控除を人的控除といいます。
(出所) 東京都主税局ホームページ

に所得税が発生する上限ラインである103万円と195万円を足した298万円までの事業収入であれば、所得税は安く抑えられる。

また、青色申告控除前の所得が290万円以下の場合、個人事業税はゼロとなるため、個人事業税の対象額が290万円を超えない範囲で専従者に給与を払えば、節税効果は高い。

が、それもバランス次第だ。個人事業の業務や専従者の仕事内容に見合った金額設定が望ましい。

3 専従者給与8万円と20万円、お得なのはどっち？

いよいよ給与の設定に入ろう。

できるだけ経費を膨らませたいからと欲張って高い金額を書き込んでしまうと、届け出を却下されるケースもあるので要注意。給与額は「労務の対価として相当だと認められる金額」が条件だ。

設定する基準は「他人を雇ってその仕事を任せるとしたらいくらが妥当か」という相場を指針にはじき出すのが無難である。

その上で、節税効果が最大になる金額をはじき出すこと。青色事業専従者になると、配偶者控除や扶養控除は受けられない。妻を青色事業専従者にすると配偶者控除の38万円が使えなくなるのだ。

また、給与を月額8万8000円以上（年間の給与収入103万円以上）に設定してしまうと、所得税が発生する。住民税が課税される収入はおおよそ年間98万円程度。それらを考慮し、「専従者給与は月額8万円にするともっとも節税効果が高い」と一般にいわれている。実際、それをうのみにしている個人事業主も多い。

しかし、現実にはケースバイケースだ。8万円以上に設定し、所得税や住民税が課税されても、世帯全体で考えれば節税になることも多い。

そこで、モデルケースとして、年間の事業所得が500万円で、妻を専従者にして月額8万円の給与を払ったときと、20万円を払ったときの税金をシミュレーションしてみた（基礎控除・配偶者控除・給与所得控除・青色申告特別控除額だけを考慮し、ここでは復興税と自治体によって異なる住民税の均等割は加味していない）。

◆モデルケース1　青色専従者給与96万円（8万円×12）の場合

事業主の税額　56万6500円

所得税：301万円［500万円－96万円（専従者給与）－65万円（青色申告特別控除）－38万円（基礎控除）］×10％－9万7500円（控除額）＝20万3500円
住民税：306万円［500万円－96万円（専従者給与）－65万円（青色申告特別控除）－33万円（基礎控除）］×10％＝30万6000円
個人事業税：114万円［500万円－96万円（専従者給与）－290万円（事業主控除）］×5％＝5万7000円

専従者の税額　0円

世帯での税額計　56万6500円

◆モデルケース2　青色専従者給与240万円（20万円×12）の場合

事業主の税額　24万500円
所得税：157万円［500万円－240万円（専従者給与）－65万円（青色申告特別控除）－38万円（基礎控除）］×5％＝7万8500円
住民税：162万円［500万円－240万円（専従者給与）－65万円（青色申告特

別控除）－33万円（基礎控除）〕×10％＝16万2000円
個人事業税：△30万円〔500万円－240万円（専従者給与）－290万円（事業主控除）〕×5％＝△1万5000円（赤字の場合はゼロ）

専従者の税額　17万3000円
所得税：112万円〔240万円－90万円（給与所得控除）－38万円（基礎控除）〕×5％＝5万6000円
住民税：117万円〔240万円－90万円（給与所得控除）－33万円（基礎控除）〕×10％＝11万7000円

世帯での税額計　41万3500円

専従者の給与を月額8万円に抑えたときの税額は56万6500円、月額20万円に設定したときの税額は41万3500円。約15万円ほど、後者の方が節税できる計算になる。

もっとも、事業所得の2分の1近くを専従者に給与として支払うという設定に説得力があるかどうかは判断が分かれるところかもしれない。

任せる仕事の中身や事業所得の規模によっても違うので、一概に「8万円以上払っても節税可能」ともいい切れない。ともあれ、こうしたモデルケースを参考に、いくつもシミュレーションしてみて、社会水準から見て無理がなく、それでいて節税効果がもっとも高くなる金額を探ってみることである。

4●プライベートカンパニーの出張費は事業に関係があることが条件

税金の支払いを抑え、できるだけ手元に多くのお金を残すためには、支出をいかに経費化できるかがポイントだ。では、専従者の妻が出張に出た場合、その費用は経費になるのか、ならないのか。

答えはもちろん「経費化できる」だ。青色事業専従者であっても、仕事での業務遂行を目的として出かけているのなら、通常旅費として認められる。

ここでいう「通常旅費」の範囲とは、同業種同規模の会社が一般的に支給している金額のこと。東京から札幌に2泊3日で出かけて、往復交通費10万円、宿泊費10万円という金額だとすれば、一般的な出張旅費の常識からは著しくはずれる可能性がある。飛行機代もビジネスホテル代も相場の範囲内でなければ経費計上は難しい。

旅費の範囲を超え、経費として認められない部分は、青色専従者の給与所得となってしまうので注意したい。

では、専従者である妻と同伴で、例えば温泉旅行などに出かけたときの費用は、社員旅行として経費になる、ならない、どちらだろう。

こちらの答えは「経費にならない」と考えた方が無難である。専従者は正規の従業員ではない。家族従業員という位置付けだ。個人事業主と青色専従者だけで出かけても、単なる家族旅行として処理されてしまうのがオチ。経費の対象外だと見たほうがいい。

ただし、もし他に従業員がいるとして、その従業員を連れて行った社員旅行であれば別だ。福利厚生費として経費化できる。複数の従業員の中の一人としてなら可能と考えよう。

ただし、①旅行期間が4泊5日以内であること、②一人当たりの費用が10万円未満であること、③社員の参加割合が50％以上、という要件を満たしていなければならない。

5●疲れた身体のマッサージ代は経費化可能か？

専従者の妻は一日中、ずっとパソコンに向かってばかりの仕事をしているので、眼精疲労で肩こりもひどい。長時間座りっぱなしだから、腰の調子も不安定。そこで、マッサージを定期的に受けている。

さて、この場合のマッサージ代は、経費として認められるのだろうか。

福利厚生費として経費化ができないこともない。ただ、これは税理士や管轄の税務署によっても判断が分かれるところだ。

確実にいえるのは、事業主本人に対するものは福利厚生費にならないということだ。福利厚生費は従業員のための費用である。

経費化は無理でも、医療費としてなら控除できる可能性が浮上する。確定申告で医療費控除を受けられるか否かは、受けた内容が予防なのか治療なのかで違ってくる。単なる予防では「?」であり、治療であればOKと考えるといいだろう。

予防と治療の分け目となるのが、国家資格だ。国家資格を持っている人が施術をしていれば、ほぼ治療として認められ、医療費控除を受けられる。

国家資格を持っているのは、あんまマッサージ指圧師、はり師、きゅう師、柔術整復師で、これ以外の、カイロプラクティック、ボディケア、ソフト整体、リフレクソロジー、クイックトリートメントといったサービスは、いずれも非国家資格。医療費控除の対象外と考えた方が無難である。

第6章

お金を残す実践編②

妻をプライベートカンパニーの経営者にしてお金を残せ

第6章のポイント

●妻をプライベートカンパニーの経営者（事業主）にすれば副業規定も問題ない

●妻の出費も経費化できる

・交通費：打ち合わせの交通費は経費。帰りに買い物をしてもOK

・通信費：仕事に関わる電話、FAX、宅配便、郵便は経費

・書籍費：仕事に関わる書籍は経費。例えば、フラダンス衣装、オーガニックコットン製品の販売ホームページ制作をしている妻にとってファッション雑誌は経費だ

・資料費：仕事に関わるDVDなどの資料は経費。例えば、日本製アニメや戦隊ものおもちゃの販売ホームページ制作をしている妻にとってDVDは経費

・文房具：文房具も事務用品費という経費、紙は消耗品費という経費

・会議費・交際費：打ち合わせのお茶代、プロジェクトの打ち上げ費用も経費

・車両費：仕事で使う車両関係の費用も経費

●夫ではなく、妻が事業をすることで所得の平準化ができる

● 夫である自分が事業主になってはいけない。実態に合わせ、妻に事業主になってもらう

1 ● 妻がウェブ開発エンジニアとして事業主になった

この章では、自分ではなく妻をプライベートカンパニーの事業主にする選択肢をクローズアップしよう。妻を事業主にすると、本当に手元に残るお金が増えるのか。ここでは、自らの経験をもとに紹介したい。

現在、私の妻は実際にプライベートカンパニーを起こしている。ただし、法人ではなく個人事業主だ。白色申告で、ウェブ開発エンジニア業の個人事業主として活動している。どういう仕事をやっているかといえば、ホームページの制作だ。知り合いを通じて、フラダンス用品をネットで販売している会社のサイトを企画制作したり、日本のおもちゃを海外に販売するサイトの開発などの仕事を請け負っている。

収入は月にして12万円程度。年間で150万円弱。

こう書くと、プライベートカンパニーといっても、収入はパートと同じではないか。

だったら、わざわざプライベートカンパニーを立ち上げる必要などないのではないか。

そんなふうに思われる方も多いかもしれない。

しかし、パートとして勤めに出るのと、自らプライベートカンパニーの事業主になるとでは、得られる「特典」がまったく違う。仕事先に出向いたり、情報交換の場へ出かけるときの交通費、仕事道具であるパソコンや携帯電話、宅配便代、文具代などはすべて経費扱いだ。

2● 妻が事業主なら副業規定も問題ない

自分ではなく、妻を事業主にすることには、大きな意味がある。

それは、サラリーマンの副業規定に抵触しないということだ。

以前よりは副業が認められてきているとはいえ、副業禁止という会社はまだ世の中に多い。個人事業主として細々と事業を営んでいる程度ならまだしも、事業規模が拡大して、ということになると、どこかで会社の人事に伝わらないとも限らない。

かといって、もしプライベートカンパニーの事業が好調で上り調子にありながら、本業に差し支えるからといって、事業の拡大にストップをかけるというのももったいない。

このジレンマをうまく解決するのが、妻を事業主に据えたプライベートカンパニーだ。もちろん、妻が主導権を握って立ち上げてもいいが、実質的にはあなたが主体になって事業を展開しつつ、名目として妻を事業主に据えてもいい。

私の実例では、妻はきちんとプライベートカンパニーを運営しているが、仮に、実際に仕事の大半をあなたがやっていても問題はない。妻が事業主で、経理や総務といった事務を主に行っているというのでも問題はない。事業主が実作業に携わる必要はないからだ。ただし、この場合、あなたの仕事があまりにも大きくなってしまってはいけない。夫であるあなたは基本的に別の会社の従業員だから、それが足かせになるほどの大きな比重がかかってはいけないし、事業実態に対する疑念もわいてくる。

したがって、もし、妻が作業ではなくマネジメントや事務を行うなら、実作業は外注業者を使うなどして、あなたではなく、きちんと事業に従事してくれる存在を作る必要がある。この場合は、ちょっと大変になるが、私の妻を見る限り、知人同士でプライベートカンパニーを作って、お互いに仕事を回しあっているようである。

妻が主体か、実作業は妻を通じて外部化してマネジメントするか、事業実態として妻が主体になるように、きちんと対応する必要がある。その際、妻が事業を回していれば、管理側にいても、実作業側にいても問題ないだろう。

どちらにしても、プライベートカンパニーのメリットには変わりがない。

本業に影響がない範囲内でプライベートカンパニーを立ち上げ、可処分所得を増やしたいという人は、まずは「妻が事業主」という選択肢をとってみてはどうだろう。妻に経済的な主体になってもらい、ファミリーとして安心して節税に励み、豊潤な「お金の貯水池」作りに励むことができるはずだ。

3 ● 交通費・通信費・福利厚生費はこうして経費にする

では、いかにして経費を扱っているのかみてみよう。

まずは交通費だ。妻の仕事は先方の要望を聞いて、幾度となくやりとりを重ねながらホームページを制作し、改良につとめること。打ち合わせでその会社に出向くことも多いため、その交通費はすべて経費として計上できる。

これだけなら何の面白みもないが、実際にはマーケットリサーチや情報収集を兼ねて書店に出向いたり、同業他社の状況をチェックしたりするときに発生する交通費もすべて経費として扱っている。最近のネット通販事情について、人と会って情報交換する際の交通費も同様だ。

つまり、自宅から都内へと出かける際の交通費は、ほぼ経費とみなすことができる。例えば、仕事で必要な本を探しに、都内の大型書店に出かけ、その帰りにデパートで買い物をして帰ったとしても、それももちろん経費となる。主目的は仕事だからだ。

カフェで仕事関係の知人と待ち合わせ、最近ネットで買ったモノの良し悪しやサービスの内容について会話を交わした後、お互いの近況報告をしたとしたら、そのカフェまでの往復の交通費ももちろん経費扱いできる。仕事の情報交換とお互いの営業活動にもなるからだ。

通信費については、どのように考えればいいのだろう。

基本的に、インターネット料金、プロバイダ料金、固定電話・携帯電話の料金、切手代、はがき代、宅配便代などはすべて経費とみなされる。だが、事業とプライベートで同じ通信端末を利用しているような場合は「按分」が必要だ。

按分とは、基準とする割合で数量を分けること。何割を事業用（経費）としてみなし、何割を家庭用としてみなすかの比率と考えてほしい。私用が60％、事業で40％ほどという場合、携帯電話の利用料金の40％が「通信費」として計上できる。厳密な線引きはなかなか難しいので、無理のない範囲でおおよその比率に分けるしかない。

福利厚生費については、はっきりいって、個人事業主の場合、経費としての計上は難しいと考えた方がいい。というのも、福利厚生費とはそもそも、従業員のモチベーションアップのために支出した費用を意味しているからだ。

ここでいう「従業員」の中に、事業主は含まれない。例えば、ハードワークに備えて身体を鍛え、心身のリラックスを図るという目的でスポーツジムに事業主が通っていたとしよう。このときの会費や利用料は経費の対象とはみなされない。

だが、従業員を雇い、従業員が利用できるように契約しているのであれば、その費用は経費となる。法人化して、法人契約を結んでいれば経費扱いされる可能性が出るが、個人事業主ではまずは無理、と見ておいた方が無難だ。

ここで妻のプライベートカンパニーで発生した年間の交通費・通信費・福利厚生費を紹介しよう。

交通費	12万円
通信費	12万円
福利厚生費	0円
合計	24万円

4 ● 文具・書籍はこうして経費にする

ノートや筆記具、コピー用紙、仕事に必要な本や雑誌、あるいは新聞。これらにかかった支出はもちろん経費として計上可能だ。

文具などは事務用品費だ。いろいろな顧客に会うため、妻はちょっといい文具を持っている。カルティエのペンはお客様の信頼を得るための重要な道具。おしゃれさも重要な要素なのだから、文具には気を使う。よいものをそろえるのは、仕事に必要な経費だからこそだ。もちろん、説明用のスケッチブックや色鉛筆、クレヨンも大切な文具だ。

書籍も、新聞図書費として経費化する。ホームページをデザインする私の妻の仕事からすると、ファッション雑誌は重要なアイテムだ。

妻は、海外向けおもちゃのサイトのために、ガンダム等のアニメの内容をよく知っておく必要がある。ガンダム等のＤＶＤを借りて視聴する。偶然、横で夫である私が一緒に視聴していても問題ない。単なる偶然だし、場合によっては詳しいアドバイスもできる。

戦隊もののＤＶＤも見る必要がある。名前や使い方、使うシーンを知ることは売れるサイトを作るためには重要なのだ。横で偶然息子が見ていても問題ない。いやむしろ、息子が見たいＤＶＤを積極的に見る方がよい。なぜなら、それは人気のある番組だし、将来息子の世代が顧客になったときにも、妻はすばらしい売り手になっているかもしれないからだ。すべて、投資、経費、横にいる私や息子はおまけみたいなものだ。いやむしろ、夫や息子のアドバイスに基づいて選ぶことは、生の顧客の意見を聞く意味で重要なことだと思う。

1組10万円未満の備品、パソコン、文房具、オフィス家具などは、消耗品費として勘定科目にくくられる。パソコンだけでなく、ハードディスクやプリンタ、スキャナといった周辺機器、パソコンソフト代も該当する。修理費、保守契約料も経費扱いできる。10万円未満の物品は、全額が一括経費だ。

ただし、金額が10万円以上になると、一定の場合を除いて、資産として扱われてしまうので注意したい。

ノートパソコンを例に挙げて説明しよう。減価償却するものについては税法で耐用年数が決まっている。パソコンの場合はデスクトップであれノートであれ4年。定額法の償却率は25%だ。

個人事業主の場合、減価償却は定額法で算出するので、計算式は以下の通り。

1年間の減価償却費＝取得価額×償却率×使った月数÷12

20万円のノートパソコンなら、

20万円×0・25×12÷12＝5万円

1年当たりの減価償却費は5万円。4年にわたって5万円ずつ経費処理していく。1年の減価償却分が経費となるので、1年目は5万円、2年目も5万円、3年目も5万円で計上する格好だ。

最終年度の4年目だけは、残存価額といって1円残しておくのが通例なので、5万円から1円を引いた4万9999円が経費となる。

さて、妻が年間に計上した文具・書籍の経費は以下の通りだ。

文具　26万円（パソコンの減価償却5万円を含む）

書籍　6万円

合計　32万円

5●会議費・交際費・広告宣伝費はこうして経費にする

個人事業主の場合、会議費であっても交際費であっても、事業に関連した費用であれば、全額経費として計上することが認められている。ここで、まずは会議費と交際費の違いについて明らかにしておきたい。

会議費：プライベートカンパニーの内部で開かれた会議に要した費用や、事業の取引先との社外で打ち合わせや会議を開いた際に発生した費用のこと

交際費：仕事先や仕事の関係者などに対して、接待や贈答、慰安を行う目的で使用した費用のこと

会議費のポイントは、その会議が業務上必要であり、必要な相手と実施したかという点だ。一方、交際費の場合は、事業を行っていく上で懇親を図るのが目的となる。

金額に決まりはあるのだろうか。

前述のように個人事業主の場合は全額経費として認められるが、法人の場合は、５０００円以下であれば会議費、５０００円を超えれば交際費として計上すると考えよう。平成

18年の税制改正の際、以下のものは交際費の範囲から除かれることになった。

- 従業員の慰安を目的とする旅行や運動会に使用した費用
- 飲食のための費用の場合、参加した者一人当たりの金額が5000円以下になる費用
- 物品を贈答するための費用

このように、法人においては、一人当たり5000円を超える飲食費は、交際費として計上しなければならない。

この会議費と交際費の基準に従っていえば、取引先とのランチミーティングは会議費であり、夜、お互いの親睦を図る意味で開いた会食は交際費となる。

仕事先に出向く途中、仕事の準備をするために入った喫茶店のコーヒー代も会議費として計上してほぼ問題はない。

では、広告宣伝費には何が当てはまるのだろう。

妻のような個人事業主の場合、派手に広告宣伝を打ったり、チラシを配ったりという必要性はまずない。だが、プライベートカンパニーの事業内容や自らの知名度促進を図るために、仕事で必要な名刺を制作し、毎年、年賀状を作成している。これらが、広告宣伝費

に該当する。

さて、妻の場合、会議費・交際費・広告宣伝費は次のようになった。

会議費　24万円
交際費　0円
広告宣伝費　1万円
合計　25万円

6●自動車は減価償却せよ

白色申告でも減価償却せずに必要経費にできるのは、10万円未満のものと決められている。ゆえに、車を購入した場合には、減価償却で計上することになる。

先に述べたように、白色申告でも青色申告でも、減価償却費は定額法で算出する。

1年間の減価償却費＝取得価額×償却率×使った月数÷12

妻の場合、200万円の新車を買った。新車の法定耐用年数は6年、償却率は0・167。プライベートと仕事での利用比率は1：3として計算すると（使った月数は12カ月として計算）、

1年間の減価償却費＝200万円×0・167×12÷12×75％≒25万円

1年当たりの車両の減価償却費は25万円だ。
ここで、すべての経費を合算してみることにする。

交通費・通信費・福利厚生費	24万円
文具・書籍	32万円
会議費・交際費・広告宣伝費	25万円
車両減価償却費	25万円
合計	106万円

妻は、年間150万円売り上げて、106万円のお金を経費として使っていることにな

る。

7 所得の平準化で税金が安くなる！

妻をプライベートカンパニーの社長に据えると、所得が平準化し、税額が下がるというメリットもある。

からくりは、所得の平準化だ。日本は累進課税の国。所得が上がれば上がるほど税金が高くなる。これは裏を返せば、所得を分けて一人ひとりの分を少なくすれば、トータルの税金は下がるということ。一人で500万円の所得と、二人で200万円と300万円に分けた所得では、後者が圧倒的に有利になる。

今すぐ妻に願い出て、プライベートカンパニーの事業主になってもらいたくなったのではないだろうか。うっかり、夫の自分が事業主になってはいけない。実態に合わせ、ちゃんと妻に事業主になってもらうのだ。

また、男性的な支配欲求で、妻が営んでいる事業なのに「男が前に出て事業をしている方がよい」などという無粋なことは、もちろんいってはいけない。

第7章

お金を残す実践編③

田舎の親をプライベートカンパニーの経営者にしてお金を残せ

第7章のポイント

- 田舎の父をプライベートカンパニーの経営者にすることでお金を残せる
- 税引前で必要なモノを買えて、事業に関わる経費で課税所得が減らせるのは一緒
- 事務所は自宅なので必要なし
- 車両費、ガソリン代などは事業と私的利用で按分、減価償却費も按分できる
- 小規模企業共済は節税効果のある積立て。所得控除ができ、退職時（廃業時など）に退職金収入になる。退職所得は節税メリットが大きい

1 年金以外の収入を確保できる!

田舎の両親が健在なら、親を経営者（事業主）にすることも意味がある。この章では、私の父親の実例を紹介しよう。父は、青色申告の個人事業主だ（現在は法人化している）。業種はアパート・マンション経営。アパート・マンション経営そのものについては次章でその詳細を取り上げるが、ここでは父にとってのメリット、わが家にとってのメリット

にフォーカスしたい。

父のプライベートカンパニーのオフィスは、両親の自宅内にある。家で使用している車両は減価償却して経費として計上し、ガソリン代も車両整備費も経費扱いだ。もちろん、仕事と私的に使用している割合がほぼ半々なので、その使用割合で按分している。自動車税・自動車取得税・自動車重量税も同様だ。

不動産管理等の不動産事業に関わる分の車両関連の支出は経費化する。業種がアパート・マンション経営なので、実際に車を使って現地に出向くことはよくあるからだ。父が日常的に支出しているものの中から、経費として計上できるのは車両関連ばかりではない。

ほとんど外食しない父だが、不動産業者や銀行、会計事務所などとの打ち合わせで行う喫茶や飲食は経費としている。酒は飲まないので、飲酒を伴うような交際費はないため、ムダに飲食費が膨れることはない。質素な会議費、交際費だ。

また、不動産の賃借人の客付け（入居者募集）をしてくれている不動産会社へのお土産も経費だ。事務員たちの喜ぶ顔を見るのは、父にとっては喜びだ。こちらも質素な交際費だ。

事業で使用した分についてはすべて経費として計上している。例えば、消耗品の蛍光灯。アパートの蛍光灯が切れると父が取り替えに行く。だんだんと記憶力が落ちてきている父が、うっかりアパート用の蛍光灯を自宅につけてしまうことも何年かに一回は起きるかもしれない。しかし、それはうっかりミスの許容範囲だろう。実際には、費用化できない細々とした雑費を父が負担しているのだ。自己負担の方が多いかもしれないことが心配だ。小さなミスは、経費と父立て替え分の〝いってこい〟で相殺となるだろう。

父の読む新聞は大衆的な全国紙をやめて、経済紙に変えてもらった。銀行員や不動産業者とも話すことになる父にはそれなりの新聞を読んで、しっかり意見を持ってもらいたい。新聞図書費として経費化した。

父が管理する不動産物件の棚が外れて、父が修理をすることになった。しかし、ドライバーがない。仕方がないので、ドライバーを買った。これがなければ直せないのだから、もちろん経費だ。

2●退職金の積立てのため加入した小規模企業共済で節税できた

兼業で事業を行っているサラリーマンは加入できないが、専業の個人事業主であればぜひとも加入しておきたいのが小規模企業共済だ。

小規模企業共済とは、個人事業をやめたとき、会社等の役員を退職したとき、個人事業の廃業などにより共同経営者を退任したときなどの生活資金等をあらかじめ積み立てておくための共済制度だ。独立行政法人の中小企業基盤整備機構が運営している。

私の父ももちろん加入者の一人だ。退職金を積み立てる制度として利用しているが、掛金はすべて所得控除の対象となる。

この小規模企業共済によって得られるメリットは本当に大きい。以下、実際の数字を紹介しよう。

父が営むプライベートカンパニーの課税所得は200万円。父は月額5万円、年間60万円を小規模企業共済に退職金として積み立てている。この60万円は家計から出て行くお金ではあるが、貯金をしているのと同じである。

しかも、この金額は単なる貯金ではない。経費化できる貯金だ。通常の貯金は税金を払った後のお金だが、小規模企業共済の場合、税金を払う前のお金で貯金をしていることになるため、節税になるのだ。

現実の節税効果を、かなりざっくりだが計算してみた。正確性は欠いているが、おおまかな効果をみるために計算してみたので許容してほしい。

あくまで概算だが、課税所得200万円の父が支払う税金は、所得税、住民税、国民健康保険を合わせておよそ28万6000円としよう。しかし、60万円を小規模企業共済の掛金に充てると、税額は19万5000円に減る。

つまり、税金を9万1000円軽減できたことになる。この金額を掛金の60万円から差し引くと、60万円−9万1000円＝50万9000円となり、50万9000円で60万円を積み立てることができたわけだ。あくまで概算だが。

これはすごいことだ。まじめに働いて、こつこつ稼いだ事業主が、もしものときに家族が窮地に陥らないようにと、制度が支援をしてくれているのだ。何と温かいことだろう。

このペースで退職金を積み上げていくと、10年間で600万円になるが、そのうち91万円は節税分での積立てであり、その分お金が残った計算になる。単純にいって、積み立てたお金の15％は税金の減額で支援してもらったようなものだ。特別な努力はせずに、余裕資金をこつこつ積み立てることに援助があって、国民が助かる。これは、すごいことなのだ。まじめで地味で実直な人が助かる、こういった制度をどんどん増やしてほしいものだ。

私の父は、結局この小規模企業共済を30年間利用し、こつこつと１８００万円を積み立てた。この概算による節税分は、９万１０００円×30年＝２７３万円である。しかも、運がいい時期だったこともあり、配当を含めた積立金は２６００万円にまで増え、退職金に関わる税金を控除しても、約２４７０万円を手にすることができた。

退職所得の計算式は、退職所得の金額＝（退職金－退職所得控除額）×０・５

退職所得控除額が大きい上に、０・５掛けの半額評価になるので、かなり節税できる。

その計算は、次の通りだ。

退職金　２６００万円
退職所得控除額　１５００万円
退職所得金額　（２６００万円－１５００万円）×０・５＝５５０万円
所得税額　68万６６２２円（復興特別所得税を含む）
住民税（市民税）額　33万円

住民税（県民税）額　　　　　　22万円
退職金手取額　　　　　2476万3378円

父の例では、本来30年間にわたって支払うはずだった税金2273万円が、結果的には123万6622円（所得税・市民税・県民税の合計）で済み、1149万3378円を節税できたことになる（配当などの計算は考慮せずに総額計算としている）。

30年で1149万3378円ということは、1年当たり5万円程度の金額を着実に節税できていたことになる。その上、戻ってきたお金は退職給与として優遇される所得だ。老後資金を取り上げるような極悪な制度でなくてよかったと、ほっと胸をなでおろしている。

この小規模企業共済の積立ては、老後の資金として貴重な収入になった。

3 老親にも年金以外の収入ができる安心感を

プライベートカンパニーを親に作ってもらい、そこで節税対策を図りながら、収入を得るこの方法のよいところは、いざというときの資金源を確保できる点にある。

年をとれば、どうしても身体のあちこちにガタが来て、医療費はかさむ。老人ホームなど施設への入居も、いずれは必要になってくる。

そのとき、手元にお金がなければ万事休すだ。身体は弱る、自分たちだけで生活は難しい、かといって年金だけではとうてい費用がかかる施設に入ることもできず、特別養護老人ホームは順番待ちでまったく入れそうもないというのでは、家族は介護地獄に陥ってしまう。

そうなれば、親にとっても、介護をする子どもにとっても不幸である。

じゅうぶんなお金があれば、介護地獄を心配することなく、安心して親は余生を送ることができ、子どもたちも安心していられる。

第8章

お金を残す実践編④

お一人様にも効果絶大、不動産によるセーフティネットの作り方

第8章のポイント

- 不動産事業でお金を残し、老後の安心も手に入れよう
- 不動産事業はデメリットもあるが、それを上回るメリットがある
- ローンが組めて、レバレッジが効く。サラリーマンは給料＝定期収入という信用力があるのでローンを組むには有利

- 自宅を買ってサラリーマンの信用力を使い切るのはもったいない
- ローンがあれば、レバレッジ効果で収益率が向上し、より効率的にお金が残せる
- 最初はワンルームマンションで練習し、コツをつかんでから増やしていく。不動産は管理を委託できれば、クローンを増やすように収入を増やしていける。まさに事業クローンだ

- もちろん経費で節税できるし、損失が出たら損益通算もできる
- エアビーアンドビーという選択肢も出てきた
- 事業として買った不動産を〝終の棲家〟にすることで、老後の住居確保もできる

1 義理の父は不動産で“お一人様セーフティネット”を手に入れた

不動産投資と聞いただけで、ビビってしまう人たちがいる。何か怪しげで、怖いイメージを抱いてしまう人たちがいる。

だが、断言しよう。株式、外貨、FX、先物取引などいろいろある投資方法の中でも、不動産はきわめてまっとうで、実に効果の高い投資方法の一つだ。不動産投資をすることで、私たちは安心なセーフティネットを手に入れることができる。

それを身をもって証明しているのが、私の義理の父だ。

彼は今84歳。妻（義理の母）はとうの昔に亡くなり、ずっと一人暮らしを続けている。義理の父が元気なうちはまだいい。もし本格的な介護が必要になったりしたときにはどうすればいいのか。

その杞憂を解決してくれているのが、義理の父が持っていたワンルームマンションだ。そう、義理の父は「将来に備えよう」という明確な目的はなかったものの、経済的に余裕があったときに妻（義理の母）の意見でワンルームマンションを2戸購入し、毎月約18万円の定期収入を得ていた。

この不動産投資が、義理の父にとってのセーフティネットとして機能した。それは、子どもたちにとって、いや家族全員にとってのセーフティネットでもあったのだ。一時入院した義理の父は、今、施設でリハビリ中だが、その入居費用は不動産収入と厚生年金の合計金額があるからこそ、余裕を持って支払うことができている。

お金ですべての問題を解決することはできないが、大部分の問題はお金で解決できる。そのお金を生み出す方法として、不動産投資が有効な方法であることを義理の父の一件で私は改めて実感した。

2 ビビって知らないのはもったいない。不動産投資の破壊力

不労収入を得る手段としては、不動産投資のほかに、株式や貴金属、FX、外貨投資などがある。その中で私が不動産投資を一番に推すのは、メリットが多く、生活に与える効果が「破壊的に」大きいからだ。

「破壊的に」と書いたが、もちろん「生活を破壊する」という意味ではない。それまでの生活を一変させるほどの力があるという意味だ。

マンションの賃料水準は、金利や株価、地価のように大きく変動することはない。株価

が上がった、下がった、乱高下したと一喜一憂することもない。

次ページの図を見てほしい。首都圏、近畿圏、中部圏ともに、2005年から10年間、ほぼ一定の水準で推移している。大きく上がることもないが、激しく下がることもない。ハイリスク・ハイリターンの株式やFXと比べると、リスクが少ないことがよくわかるはずだ。

不動産投資は、ミドルリスク・ミドルリターン。狙いを定めて好物件を手に入れれば5～8％前後の利回りは期待できる。精神的にも安定して臨める投資方法だ。

キャッシュフローを生み出す点も、不動産投資のメリットといえる。株の配当で現金を得るという方法を除けば、株やFXなどは価格の上げ下げで利益を生み出す場合、買った株を売らなければ現金化できない。そして現金化した後、お金を使ったらそれで終わりだ。あとには何も残らない。その上、株は紙くずになるリスクもある。FXは強制ロスカット（損切り）で証拠金を没収されることもあり得る。

その点、不動産投資は家賃収入というキャッシュフローを生んだからといって、価値がゼロになったり、いきなり大きく目減りしたりすることもない。大儲けはできなくても、きちんと選んで管理をすれば、安定した収入を稼げる。この点では不動産投資に勝るものはない。

三大都市圏分譲マンション賃料年間平均推移

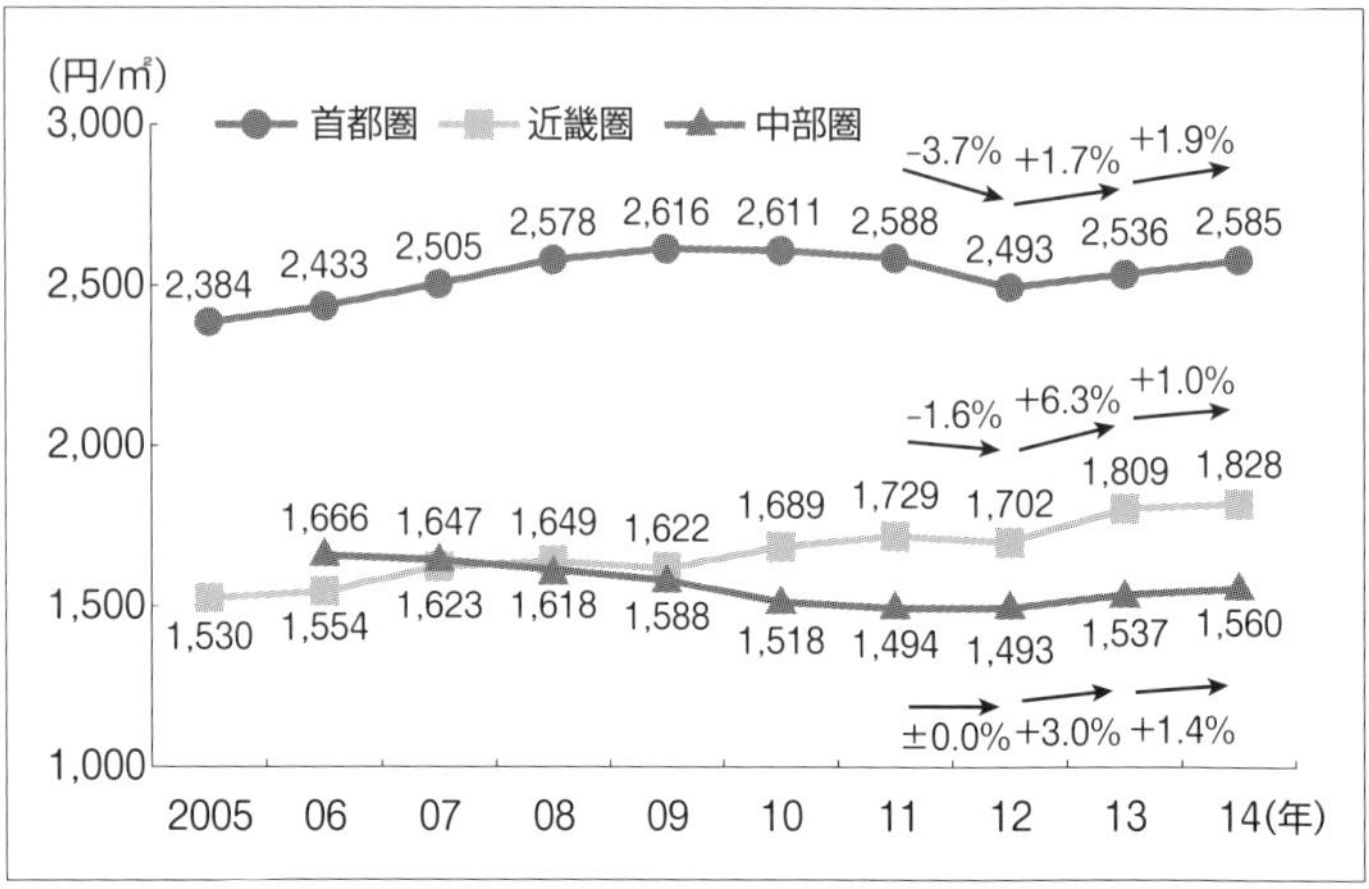

（出所）東京カンテイ

　不動産投資は、相続・贈与税対策としても活用できる。生命保険の代わりにもなる。資金を借り入れることで、少額の自己資金から始められる上に、節税効果も高い。サラリーマンだからこそ享受できるメリットも多い。

　無論、デメリットがあることは否定しない。

　不動産を買っても、入居者が確保できなければ収入は得られない。空き室リスクは常について回る。家賃の支払いが滞る滞納リスク、建物が老朽化すると入居者が見つかりにくくなり、修繕費やメンテナンス費用がかかる老朽化リスク、資金を借り入れた場合に発生する金利リスクも存在する。管理も手間だ。しかし、それらの多くを回避する選択肢もまた存在する。これについては後述したい。

リスクがあるからといって躊躇し踏み出さないままでは、いつまでたってもリターンは得られない。不動産投資にはデメリットを補って余りあるメリットがある。破壊的に生活を変える力を持つ不動産投資は、サラリーマンにこそお勧めできる投資方法だ。

3 ● ローンというレバレッジで資産を増やす方法

サラリーマンにとって不動産投資が魅力的である理由として、もう一つ、大事な点を付け加えておきたい。

他の投資法とは異なり、不動産投資だけはレバレッジをかけて、資金を借り入れることができるのだ。こう書くと、ＦＸもレバレッジを効かせることができる、という反論があるかもしれないが、ＦＸの場合、自己資金の数十倍もの資金を借り入れられても、長期間借り続けることはまず困難と想定される。

ハイリスク・ハイリターンのＦＸで、もし証拠金不足に陥れば、即座にロスカットを迫られる。証拠金より大きな額の損失を発生し、証拠金は没収、いわゆる「(全額を)溶かす」事態に陥れば、次の資金準備に影響が及ぶ。

その点、不動産投資は株やFXと違って、いきなり価値が半減したり、限りなくゼロに近づくというリスクはそう高くない。バブルが崩壊した後やリーマン・ショックの直後、家賃は暴落しただろうか。90％減という事態に陥っただろうか。

多少の波はあっても、大きく変動することがないのが家賃だ。仮に、自己資金に対するレバレッジが大きくても、最終的な収入が目減りするにすぎない。

もし、今、手元に1000万円の自己資金があったとしよう。その1000万円で年間80万円の家賃収入が見込めるワンルームマンションを購入すれば、利回りは80万円÷1000万円＝8％となる。

ここで、1000万円を頭金に2000万円を借り入れ、年間240万円の家賃収入が見込める3000万円の物件を購入すれば、頭金は同じでも、家賃収入は3倍に跳ね上がる。金利3％とすると金利の支払いは年間60万円。収益は、240万円－60万円＝180万円だ。

つまり、実質的な利回りは180万円÷1000万円＝18％となる。

これこそが、レバレッジをかけることの最大の意義だ。

金利が高くなればレバレッジの効果は薄まるが、日本は長期的に低金利が続いている。いきなり5％、10％に跳ね上がることは考えにくい。低金利の今は、レバレッジをかけて不動産投資をするにはうってつけの時期だ。

とりわけ、サラリーマンにとっては好機だ。会社組織に属しているサラリーマンは信用力が高く、資金借入れに関しては非常に有利な立場にある。サラリーマンで自宅を買う人は多いが、これはもったいないことだ。定期収入のあるサラリーマンというせっかくの信用力を、収益を生まない自宅のローンで使い切ってしまっては、機会損失ではないだろうか？　自宅は、増やした投資不動産からのキャッシュフローや、不動産ローン返済による追加的な事業信用で、別途ローンを借りて買った方が資産を増やす上で有利ではないだろうか？

もちろん、自宅のよさは否定しない。家族が安心して暮らし、子どもが育つ場として、家は重要だ。しかし、右肩上がりの成長が終わり、昇給も怪しく、雇用も不安定、企業の寿命もわからなくなっている現代において、果たして収益も生まず、自分の労働の対価で返済する自宅不動産は合理的な選択なのだろうか。

私は、もし、きちんとした行動をする覚悟があるのならば、自宅を買ってサラリーマンの信用力を使い切るのはもったいないと考える。ローンを組んで、レバレッジをかけた不動産投資の方法を学ぶことは、決して悪くない選択ではないか。詳しくは拙著『サラリーマンは自宅を買うな』（東洋経済新報社）を参照してほしい。

慣れないうちは、第1章で紹介したAさんやBさんのように、貯金した現金で買うのがいいだろう。慣れたら、ローンによるレバレッジの効いた投資も検討に値する。前に自己資金1000万円で2000万円を借り入れる例を挙げたが、レバレッジをさらにかけ、自己資金に対して5倍、10倍の投資を行うことも不可能ではない。

全額をローンで調達するフルローンや、売買代金に加えて不動産取得にかかる諸費用までも融資で調達するオーバーローンという選択肢もある。オーバーローンやフルローンによる不動産投資は危険とされるが、私もオーバーローンやフルローンはお勧めしない。ただし、私はオーバーローンでマンションを購入したことがある。

物件の選択さえ誤らなければ、オーバーローンをしのぐ高い利回りを確保することで、リスクヘッジは可能となる。しかし、不動産投資によるキャッシュフローの流れをよく理解していない場合はお勧めしない。また、銀行の姿勢により、ローンに対する姿勢も変わるので、フルローンやオーバーローンにこだわるのではなく、きちんと返済し、安全に運用できるレベルを自分できちんと判断する必要がある。そうした意味から、次に紹介する

〝練習方法〟は有効だ。私も実際に行った練習方法を紹介する。

4●ワンルームマンション投資から始めるメリット

不動産投資をやってみようか……。そう思ったら、まずはワンルームマンションからスタートしよう。

ワンルームマンションがなぜ初心者向けなのかをまとめてみた。

①価格が安く、初期費用が抑えられる
②高い利回りを期待できる
③都市部であれば単身者の割合が多く、空室率が低い
④メンテナンスコストが安く、管理しやすい
⑤売却するための流通市場が整備されているため、売却時にも買い手がつきやすい

ファミリータイプと比べて、ワンルームマンションは価格が安く、購入しやすい。新築の場合は、土地原価や建築費に加えて、広告費やディベロッパーの利益などが乗せられて

いるが、中古であれば需要と供給の原理で販売価格が決まるため、割安で購入できる可能性が高い。

ただ、①の「買いやすさ」は「リターンの低さ」と同意語である。投資金額が少ないということは、得られる収益も少ないということだ。これはデメリットといえばデメリットだ。
②の利回りだが、ワンルームマンションの場合、表面利回りは新築で2〜3％前後、中古は4〜8％程度だ。相場賃料が安定しているため、利回りは確実だ。もちろん、10％を超える物件もあるが、こうした高利回りの物件は、空室率が高かったり、築年が古くメンテナンスにお金がかかるなどの問題があることがあり、注意が必要だ。
③のように、都市部ならば単身者が多く、空室率が低いのもメリットといえる。ただ、これも、都市によっては供給過剰の場合もあるので、エリアをきちんと選択して、入居率の高い物件を選択しなければならない。
④で挙げたように、部屋の面積が狭いため、定期的に発生する修繕費用を抑えられるというメリットもある。一人暮らしに人気のあるエリアでは、ワンルームマンションの建築が規制され、新規には建てられなくなった場所もある。この規制もワンルームマンションの投資には追い風だ。需要が高いため、売りたいと思ったときに売りやすい。

建物が老朽化し、建物価値がなくなったとき、残った土地を資産にできる一棟買いとは違って、ワンルームマンションの場合、土地はほとんど残らない。これはデメリットといえばデメリットだが、不動産投資が初めてであればワンルームマンションが一番無難である。もし一棟買いを考えているなら、まずはワンルームマンションでノウハウを蓄積した後にシフトするといいだろう。低いハードルを越えてから、徐々にハードルの高さを上げていきたい。

5●ワンルームマンションの買い方・維持の仕方

ワンルームマンション投資で失敗しないためには、部屋を選ぶ段階での絞り込みが大切だ。では、どんな物件を選べばいいのだろう。条件を挙げてみた。

① 土地勘がある場所
② 単身者が多いエリア
③ 駅からの距離は徒歩5〜10分
④ 居住用物件

土地勘がない場所では、その物件に価値があるか否かの判断がつきにくい。また、中古のワンルームマンションを買った場合、入居者も一緒に引き受けることになるので、トラブル発生時や退去後の状況確認などを考えると、自宅から近い場所が好ましい。少なくとも最初のうちは、遠くても電車で1~2時間程度でかけつけられるところがいいだろう。

空き室のリスクを減らすには、②のように需要が多いエリアを選ぶのが鉄則だ。③も不動産投資をする上での大原則。不動産の価値は立地で大きく左右される。「駅近」は、それだけで高付加価値だと考えよう。

④のように居住用物件を勧めるのは、賃料が下落しにくいためだ。事務所用物件は景気に左右されやすく、賃料が上がりやすい反面、下がりやすくもある。事務所用として適切かどうか、価値があるかどうかの判断も難しい。居住用物件で絞り込むのが正解だ。

⑤ 利回り重視なら中古、安定性なら新築

⑤についていえば、新築、中古それぞれにメリット、デメリットがある。新築は、融資額や金利、借入条件が有利であり、固定資産税の減免措置が受けられるため節税効果が高いが、中古マンションに比べ利回りが低く、賃料が下がるケースも多々ある。

逆に、手ごろな価格で購入ができる中古は利回りが高い物件が多く、資産価値が安定し

ているため、急な下落の心配はあまりないが、その一方で空き室リスクが発生し、修繕費が高額となる可能性もある。

どちらか一方が絶対に優れているというものではない。メリット、デメリットを秤にかけてベターな選択をしよう。

6●ワンルームマンションの賢いメンテナンス方法

不動産投資にワンルームマンションが適切だと私が考えるのは、維持管理が非常に楽だからだ。

この維持管理を手間だと考え、不動産投資を躊躇する人は少なくないが、今は専門の管理業者に任せれば、所有者の手間はほとんど省ける。

客付けから人物審査、契約、火災保険の加入、家賃の徴収、クレーム処理、契約更新、退室立会いや退去後のリフォームに至るまで、すべてを代行してくれる業者に頼めば、オーナーの労力はかなり軽減できる。

事実、私はこうした専門業者に依頼し、自分の手間を省いている。自分で何かをするという必要はほとんどない。空調設備や水回りに不具合が生じたときには、管理会社から連絡があるが、修理会社を手配するのは管理会社経由。自分で業者を探し、部屋に出向いてもらい工事の指示を出すといった煩わしさとは一切無縁だ。

入居者がトラブルを起こしたら？　それも管理会社に任せて解決を頼めばいい。長く不動産投資を続けているが、解決に困ったトラブルはゼロ。そもそも、故障やトラブルなどはレアケース。普段からの管理をしっかり行っていればほとんど発生しないものだ。

自分で客を集め、契約し、管理するといった一連の業務を行うとなると、サラリーマンの副業としては負担が大きすぎる。専門業者は、副業で不動産投資をするサラリーマンの力強い助っ人だ。

こうした管理会社の費用は、家賃の5％程度。家賃が10万円なら5０００円。6万円なら3０００円。労力を考えればコストパフォーマンスは高い。

万が一、家賃を滞納されたときに自分で家賃を取り立てるのは大変だ。入居者募集も素人ではそうスムーズには運ばない。第一、サラリーマンが会社で仕事をしながら、そうした時間を割くのは難しい。

手間のかかる作業はプロに任せるのが一番だ。業者としても、入居者が長く住んでくれればくれるほど手間はほとんどかからず、一定の手数料が入ってくるので、よい入居者を集めようとする。

よい物件を手に入れ、管理能力の高い専門業者を見つければ鬼に金棒。あとは自動的に家賃が入ってくる。自動販売機と同じである。

また、滞納リスクに対しての対策の仕組みもできている。入口の審査でカード会社や保証会社の審査を設定し、入居者の信用チェックができる。入居時に家賃保証会社との契約は必須だ。保証会社はもしもの滞納の場合に、弁済や回収、退去のために動いてくれる業者だ。私も何度救われたかわからない。過去に保証会社自体が破たんしたこともあったが、保証会社はもしものときの保険のようなものなので、必ず契約を結んだ上での入居としよう。こうしたことは、不動産管理業者の方がよく理解しているので、相談してみるのもいいだろう。

7 不動産はどんどんコピーできる〝事業クローン〟

不動産投資の楽な点は、一つ成功例を作れば、それをいくらでも無限に複製できる点にある。「事業クローン」が可能なのだ。

他の副業はどうだろう。

サラリーマン生活の合間に、コンビニでバイトをして得られる収入は、おそらく多くても月に7万円程度だろう。そして、悲しいことに、このコンビニバイトはコピーできない。働く店をもう一つ増やすことは不可能だ。

自分の身体は一つだけ。コンビニでの仕事をおおかた覚えて、仕事をさばくスキルを身につけたとしても、それをほかの場所で活かすことはできない。つまり、稼いでも上限が7万円ということだ。

ところが、不動産投資の場合はいくらでも増やせる。100戸、200戸と自在だ。事実、それだけの不動産投資をこなしている人はたくさんいる。私も100戸を超えるオーナーだ。

所有する不動産の数が増えれば増えるほど、問題の発生件数が増えていくかもしれないが、それを解決し、管理するのが専門業者の仕事。手数料をけちらず、「餅は餅屋」でプロに管理は任せれば、事業のクローン化は容易である。

ちなみに、私は区分所有からスタートし、現在は一棟単位でアパート・マンションを所有している。それは、自由度の高さゆえだ。

区分所有の場合、大規模修繕工事が必要になった際に、管理組合から所定の費用を要求されることがある。これはどんなに不本意であっても払うしかない。そこに不自由さを感じてしまった。

一棟単位で所有していれば、大規模修繕のタイミングは自分で決定できる。別に、修繕をしたくないというわけではない。いつ工事をすればいいのか、つまり、いつその費用を負担すべきかを自分で主体的に決定したいと考えた。一棟所有であれば、自分の思うように物件に手を加えていくことができるのだ。

一棟買いには、建物と一緒にまとまった土地を手に入れられるメリットもある。持分割合に応じて土地の持分が決まるので、区分所有物件の場合に得られる土地はわずかだが、一棟所有ならまとまった土地を手に入れ、古い建物を取り壊して新たにマンションやビルを建てることもできる。出口が描きやすいのも一棟ものの利点だ。

ただ、マンションの一棟での不動産投資を考えるなら、まずワンルームマンションの区分所有から不動産投資をスタートし、コツを体得しながら手元の資金を増やし、エリアを吟味して、一棟所有に移っていくといいだろう。

付け加えると、一棟買いであれば更地にして売却もできる。ただし、木造や鉄骨であれば解体しやすいが、RC造だと壊すだけで1000万円以上かかる。これは、ぜひ覚えておこう。

木造や鉄骨のアパートを買って、老朽化した後に解体し、いったん更地にしてから同じアパートを建てても、再びアパートとして稼ぎ出すことができる。場所がよければ価値は減らず、同じ需要が狙えるはずだ。一棟買いは何度もお金を生み出すことのできる器なのである。

8 不動産で使える経費①
税金、利息、管理費、保険料も経費化できる

第4章では、プライベートカンパニーを立ち上げることで得られるさまざまな特典について取り上げた。不動産投資を事業内容としてプライベートカンパニーを作った場合もメリットは同じだ。さまざまな支出の経費化が可能になる。

不動産投資をした場合に、経費として落とせる項目を以下にまとめてみた。

① 租税公課
② 借入金利息
③ 管理費
④ 修繕費
⑤ 損害保険料

⑥ 旅費交通費
⑦ 通信費
⑧ 新聞図書費
⑨ 会議費
⑩ 接待交際費
⑪ 消耗品費
⑫ 事務用品費
⑬ 税理士費用
⑭ 減価償却費

ご覧のように、不動産投資ならではの項目が多い。主なものを解説しよう。

①の租税公課とは、不動産を取得するにあたって発生する税金のこと。具体的には、土地・建物に対する固定資産税・都市計画税、賃貸物件を取得する際に課される登録免許税や不動産取得税、賃貸による儲けに課される事業税のほか、印紙税が該当する。

②の借入金利息は、不動産を購入するにあたって金融機関から資金を借り入れた場合、必要経費として計上できる。ただし、元本に相当する部分や、賃貸としての業務が開始す

る前の利息部分については対象外なので注意しよう。

③の管理費とは、不動産を維持管理するためにかかった費用だ。入居者の募集や管理を代行し、賃貸建物の管理を担当している建物管理会社に対して毎月支払っている管理費のこと。これも必要経費の一部として経費化できる。また、建物管理費は別途かかる。こちらは物件の簡単な保守管理だ。電灯などの消耗品交換も含まれる。

④の修繕費は、毀損した固定資産の原状回復費用だ。建物の壁、ドア、トイレ、台所、換気扇、エアコンや給湯器などの修理費用や設備交換費用、ベランダのペンキなどの塗り替え、フローリングや畳の取替え、障子、襖の張替えといった入居者が退去した後の内装工事費をいう。

ただし、不動産の価値を高めたり、耐久性アップのために要した費用は、経費化できない。レイアウトを変更してリノベーションしたり、作り付けの収納家具を設けたり、和室をフローリング張りの洋間に作り直したといった費用は、単なる修繕の枠を超え、不動産の高付加価値化を追求した「資本的支出」とみなされる。耐用年数に応じて、固定資産として減価償却しなければならない。

なお、おおむね3年以内の期間を周期として修繕が行われるケースや、費用が20万円未満の場合、修繕費か資本的支出かの判断が難しく、金額が60万円未満の場合、その資産の前年末の取得価格の約10%相当以下である場合は、その年度の修繕費として経費とすることができる。

⑤の損害保険料とは、投資用不動産に掛けている保険費用を指す。火災保険、地震保険のほか、賃貸住宅費用補償保険も対象だ。

賃貸住宅費用補償保険とは、空室期間や値引期間による家賃損害を補償し、死亡事故が発生した場合に部屋を原状回復する費用を補償する保険である。孤独死や自殺、あるいは犯罪による死亡事故がもし投資した不動産で発生した場合、遺品整理、清掃・消臭、修復にはかなりの費用がかかる。できれば起きてほしくないとはいえ、絶対に「起きない」とはいい切れない。万が一、発生した場合には多大な費用を要し、対応に追われることは必至だ。だが、こうした保険に入っておけばリスクヘッジができるのである。

9●不動産で使える経費②
"減価償却費"によるお金の残り方

不動産の購入に要した費用を、その不動産を利用できる年数に分けて計上する。これが⑭の不動産の減価償却費だ。

といっても、不動産の購入価額のすべてが減価償却の対象となるわけではない。対象となるのは、建築費のみで土地の購入費用は含まれない。マンションでも同じである。土地を除いた建物部分のみが減価償却の対象となる。

投資したマンションの建築費は、不動産会社が発行している売買契約書や譲渡対価証明書などで確認できる。さらに、譲渡対価証明書で、建物本体と建物設備（電気設備や給排湯設備など）のそれぞれに金額を見ておくこと。中古物件の場合は、建物本体と建物設備の区分が難しいものも多いので、その際には設備は建物本体に組み込む形になる。

なぜ、こんなに面倒な方法かといえば、減価償却費を算出するにあたっては、建物本体と建物設備とでは算出方法が異なるためだ。減価償却費の計算方法は、定額法と定率法の2種類があるが、建物については定額法しか使えない。建物設備の減価償却費はどちらの方法を使ってもいい。

定額法と定率法については118ページでもふれたが、おさらいすると、耐用年数にしたがい、毎年同額の減価償却費を計上するのが定額法、前年末の未償却残高（法人の場合は期首帳簿価額）に毎年同じ償却率を乗じた金額を減価償却費として計上していくのが定率法だ。

では、定額法と定率法のどちらが有利なのだろう。経費にできる金額は定額法でも定率法も最終的にはまったく同じ。だが、定率法は初期に多めの減価償却ができるため、マンション購入初期の税金を抑えることが可能になる。

もっとも、時間の経過とともに定額法の減価償却費の方が大きくなり、経費が増える分、税金を抑えられる。

さて、減価償却費は以下の計算式で求められる。

定額法：取得価額×耐用年数ごとに定められている定額法の償却率
定率法：（取得価額－前年までの償却費の累計額）×耐用年数ごとに定められている定率法の償却率

中古物件の耐用年数は、以下の計算式で求めよう。

建物本体（RC造）の法定耐用年数＝47年－（経過年数×0・8）
建物設備の法定耐用年数＝15年－（経過年数×0・8）

こうした計算式をもとに、築後10年2カ月が経過した中古マンションを1000万円で購入した場合の減価償却費を算出してみた。このマンションの建物と土地との割合は半々。建物本体と建物設備の割合は8：2とする。つまり、建物本体は400万円、建物設備は100万円だ。

建物本体の耐用年数　47年－（11年×0・8）＝38・2年　⇩38年
建物設備の耐用年数　15年－（11年×0・8）＝6・2年　⇩6年
（経過年数は端数切り上げ、法定耐用年数は端数切り下げ）

耐用年数38年の定額法での償却率は0・027、耐用年数6年の定率法での償却率は0・319なので、このマンションの償却額は以下の計算で求められる（償却率はいずれも、平成19年3月31日以前の旧定額法、旧定率法による）。

〈1年目〉
建物本体　400万円×0・027＝10・8万円（定額法採用）
建物設備　100万円×0・319＝31・9万円（定率法採用）

合計　42・7万円
〈2年目〉
建物本体　400万円×0・027＝10・8万円（定額法採用）
建物設備　（100万円－31・9万円）×0・319＝21・7万円（定率法採用）
合計　32・5万円

実際のお金の支出がないにもかかわらず経費として計上できる減価償却は、不動産投資の大きな利点だ。その求め方を頭に刻み込んでおこう。

10 ● 不動産で使える経費③ 事業に関わる〝旅費〟は経費にできる

不動産投資のメリットの一つは、アパート・マンション経営に関わる支出はすべて経費として認められることだ。

不動産投資事業の経費として大きいのが、旅費である。

不動産投資を主要事業とするプライベートカンパニーを立ち上げた場合、事業を遂行するための支出はすべて経費扱いとなる。不動産の視察を行うための旅費は経費だ。

新たな投資先の不動産を探して、きちんと物件を見て、現地の不動産業者と打ち合わせし、できれば地元の銀行も紹介してもらい、打ち合わせメモを残そう。よい物件が見つかれば、買う。

例えば、沖縄に投資先として有望なマンションがあるという情報を入手し、実際にこの目で見てみようと不動産めぐりをし、結果的に事業に供する不動産を買ったのであれば、飛行機代も宿泊費も現地の不動産会社との食事代も経費に計上して、不自然な点はない。どれもが仕事のための支出だからだ。

実際、私は沖縄に不動産投資をしている。毎年、物件も増やしているので、最低年1回は沖縄に行っている。遊びではなく仕事なので、きちんと経費計上している。

最近は、海外の不動産に投資する日本人が増えている。

タイ、マレーシア、フィリピン、ミャンマー、ベトナム、カンボジア。経済成長著しい新興国の不動産への投資も面白そうだ。ハワイ、フェニックスといった米国不動産投資も盛んだ。まずは「現地で見てみなければ始まらない」と異国へ飛んだ場合はどうか?

エアラインのチケット代もホテル代も、きちんと事業として活動したのであれば経費だ。視察を終え、帰国するまでのわずかな期間、現地で過ごしたとしても、交通費や宿泊費は経費として計上できる。一日中視察や打ち合わせを詰め込むこともあるが、それでは現地の実情がわからない。その国や都市の状態、物件近隣の理解、現地の購買力と現地人の賃貸需要、外国人の進出と外国人賃貸需要、衣食住の習慣と居住で必要となる設備のスペック、貨幣価値などを調べ、若年層が多いか、活気があるか、といった将来性を知るためにも足で稼ぐ必要がある。街歩きも重要なリサーチなのだ。

11 不動産投資は生命保険の代わりになるか？

金融機関から融資を受けてマンションを買い、団体信用生命保険に加入する。略して、〝団信〟という。団信加入は一般的なケースだ。死亡したり、障害を負ったりしてしまいローンが返済不能となったとき、団信を通じて生命保険会社にローンの残額を支払ってもらう制度は、生命保険としての機能も果たしている。

団信に加入する際、団信の保険料を加味して貸出金利が決められる方法がある。貸出金利に保険料が上乗せされている格好だ。もう一つの方法は、別途、団信の保険料を払う方法である。金融機関により支払方法が異なるので、金融機関に聞いてみよう。

ローンを借りていた本人が死亡した場合、団信が適用され、ローンの残債（最大1億円）が支払われる。すると、相続人（家族）はローンを完済した不動産を相続できる上に、家賃収入をそのまま受け取ることができる。不動産を売却することも可能だ。高度障害などのケース（両眼の失明、言語・そしゃく機能の喪失、神経障害による終身介護など）も団信は適用になる。不動産投資を始めるにあたって、生命保険を解約する人が多いのは、団信のこの機能があるからだ。

問題は、加入者が死亡もせず、重度障害にも該当しないが、長期間病気で働けなくなった場合だ。ガン、脳卒中、急性心筋梗塞などさまざまな健康上のトラブルが考えられる。このときには、ローン完済にはならず、家計的にはシビアな状況に追い込まれるため、完全に「生命保険代わり」になるとはいいがたい。

だが、最近は、がんや脳卒中、急性心筋梗塞の三大疾病をカバーし、さらには高血圧性疾患、糖尿病といった五大疾病まで網羅した団信も登場している。

こうした手厚い団信に加入するか、もしくは、通常の団信にプラスして、掛け捨ての医療保険やがん保険に入り、「安心」を購入する方法もいいだろう。後者の方法であれば掛金は安い。節約効果の高い選択肢である。

12 ● 不動産の損失は給与所得と相殺してお金を残そう

不動産投資による所得が赤字になったとき、他の所得の黒字から赤字を差し引くことができる損益通算は、不動産投資の数あるメリットの中でも最強のポイントではないだろうか。

所得には10種類ある。不動産所得、事業所得、山林所得、譲渡所得、給与所得、退職所得、利子所得、配当所得、一時所得、雑所得。このうち、赤字（損失）を他の所得から引くことができる損益通算が認められているのは四つの所得だけ。そのうちの一つが、不動産所得だ（残りは、事業所得、山林所得、総合課税の譲渡所得）。

損益通算は、以下のように定義されている。

「各種所得金額の計算上生じた損失のうち一定のものについてのみ、一定の順序にしたがって、総所得金額、退職所得金額又は山林所得金額等を計算する際に他の各種所得の金額から控除すること」

不動産投資は、ここでいう「損失のうち一定のもの」に該当する。サラリーマンなら、不動産所得が赤字でも、確定申告で給与所得と損益通算して節税することができるのだ。ところが、不動産所得ではなく、株やＦＸでの赤字は損益通算の対象とはならない。ＦＸの利益や講演料等は、雑所得とみなされる。雑所得で赤字を出しても、不動産所得のように確定申告で給与所得と損益通算することは不可能なのだ。

仮に給与所得が８００万円、不動産所得の赤字が２００万円だとすると、この場合の総所得金額は８００万円－２００万円＝６００万円となる。しかし、給与所得が同様に８００万円で、雑所得の赤字が２００万円出たとしても、総所得金額は８００万円のまま。雑所得の赤字は相殺できない。

不動産投資と損益通算の相性のよさを、おわかりいただけただろうか。

また、不動産投資には、減価償却費が費用として認められるために損益通算しやすいという特性がある。

土地建物の固定資産税や都市計画税、修繕費、管理費などを賃料収入から差し引いてキャッシュフローを計算し、さらに減価償却費を控除すれば、キャッシュフローはプラスでありながら帳簿上は赤字になる。

不動産所得の赤字は、給与所得から控除できる。そうなれば、結果的に課税上の所得を減らし、節税へとつなげられる。手元に残る現金はプラスであっても、税金を軽減できる仕組みなのである。

不動産投資ではなく、一般の事業所得で赤字を出すことはそう容易ではない。大規模な設備投資を行えば減価償却が発生するが、副業としては現実的ではない。

ところが不動産投資であれば、無理なく、経費計上し、減価償却費を控除することで節税効果を高められる。

賃貸に出しているマンションやアパートを譲渡して損失が出た場合にも、損益通算は可能になるのだろうか。

もし可能になれば非常にメリットは大きいが、残念ながら、事業用の不動産を売却した場合は、同年中に売却した他の不動産の譲渡益と損益通算することはできても、給与所得などの他の所得と損益通算することはできない。譲渡損失の損益通算が可能になるのは、5年を超えて保有する自身の居住用の不動産を売却した際に、住宅ローンが残っていて、かつ売却損が出た場合のみだ。

以前は可能だった土地にかかる利子の損益通算も、2004年の税制改正で不可能になった。改正前は、借入金の返済額が家賃収入を上回っていても、貸付用マンションの購入価格のうち、土地の部分にかかる金利部分を給与所得と損益通算できたため、税金の還付を受ける不動産投資をしているサラリーマンが非常に多かったが、もうそのような高い節税効果は望めない。

損益通算は、不動産投資をする上では絶対に見逃せない特典だ。しかし、この例からもわかるように、今後もずっと制度が続くとはいい切れない。不動産所得という所得項目をなくそうという動きも見られる昨今、損益通算ができなくなる可能性がゼロとはいえないのだ。

だからこそ、不動産投資をスタートするなら早い方がいい。プライベートカンパニーを立ち上げ、不動産投資で節税を図り、手元に残すお金を増やすことに努めよう。

13 エアビーアンドビーに部屋を提供し、収益を上げてみる!?

現在のところ、法的にグレーゾーンであり、この先、規制がかかりそうな動きもなくはないが、昨今はやりのエアビーアンドビーに所有するアパートやマンションを提供し、収入を得るという方法もある。

エアビーアンドビーとは、宿泊施設を提供する提供者（ホスト）と宿泊場所を探している旅行者（ゲスト）をつなぐインターネット上のプラットフォーム。すでに世界190カ国以上に広がり、宿泊客数は2500万人以上に達している。

宿泊できる施設には、「貸し切り」「個室」「シェアルーム」の3タイプがある。購入した不動産をエアビーアンドビーで提供するとすれば、「貸し切り」タイプだ。1泊当たりの宿泊料はホストが自分で設定し、エアビーアンドビーは宿泊料の6～12%をゲストから徴収する。

エアビーアンドビーのサイトを見ると、東京都区内の場合、1Kの部屋で宿泊料は平均1万円程度。不動産情報サイトでエアビーアンドビーに出ている部屋の家賃を確認すると10万円前後の部屋が多い。仮に、エアビーアンドビーに1万円の宿泊料で出し、1カ月のうち20日間稼働すれば収入は20万円。稼働率67%で家賃の2倍の収入を得られることになる。

日本でもエアビーアンドビーに参加するホストが急増しているため、ホストの手間を代行する専門業者も出現している。予約管理から、部屋の掃除やベッドシーツカバーなどの洗濯、消耗品の交換やゴミ出し、ゲストとの鍵のやりとり、さらにはゲスト用に部屋の使い方案内や周辺の名所を紹介したマニュアルを日本語と英語で制作するサービスまで、メニューの中身は至れり尽くせり。こうしたサービスを利用することで、利用者を増やし、レビューで高い評価を獲得できれば、稼働率はアップしそうだ。

ただし、業者にフルサービスを依頼した場合の費用は利用料の30%。高いと思えば、できる部分は自分で負担し、個人では対応が難しいサービスのみ代行してもらうのもいい。

注意したいのが、エアビーアンドビーの将来が不安定なこと。エアビーアンドビーのような「民泊」には、旅館・ホテル組合の全国組織である全国旅館ホテル生活衛生同業組合連合会（全旅連）が神経をとがらせているため、この先もずっと日本で事業を継続できるかは疑問符がつく。

本来、宿泊施設は旅館業法の定めに従って、部屋を5室以上設け、防災・防火設備を備えるといった細かな要件をクリアしなければならない。その意味では、エアビーアンドビーは完璧に「アウト」だ。

光明があるとすれば、東京五輪を前に、政府が国家戦略特区構想の一つとして、旅館業法の特例を設けていることだろう。東京のような特区指定された自治体が条例を制定すれば、現行の規制を緩和し、運用を認可することができる。「空き部屋」を宿泊施設に転用できるようになるのである。

とはいえ、特区構想では、施設を使用させる期間を最低でも7日間とし、部屋は25㎡以上、施設の使用方法に関して外国語を用いた案内や緊急時における外国語を用いた情報提供を行うといった要件を満たすことが必要になりそうだ。これらの条件が本決まりになれば、エアビーアンドビーに部屋を提供できるマンションの数は急減するだろう。

このように波乱含みのエアビーアンドビーではあるが、法的にNGという結論が出るまで、稼働率を高め収入を増やすと割り切って考え、不動産を購入しているという人もいないではない。

またマンションなどの場合は、他の住人とのトラブルになっている例がたくさんある。治安や住環境を気にする住人にとって、不特定多数の人物が物件に入ってくるエアビーアンドビーは受け入れがたいだろう。もめるケースが後を絶たない。実際に、マンションの管理規約が改正されて、エアビーアンドビーができなくなった知人もいる。

法的にも問題を抱え、他の住人との軋轢も生じるエアビーアンドビー。果たして、ビジネスとして手を出すべきかどうか。あなたの選択はどうだろうか。

14 終の棲家問題も解決!? 最後は自分で住んでもいいのが不動産

いざとなったら「自分で住む」。そんな将来像を描いて、不動産投資をするのもアリだ。

ワンルームマンションを買っておけば、最後の最後には自分がそこに住むことができる。この意味は大きい。

最近は、独居老人が賃貸住宅を借りようとしても以前ほど敬遠されなくなってきたが、どんな家にでも住めるかというと決してそうではない。

今後、もっと借りやすくなる、どんな家でも問題なく借りられるようになる、という未来もあり得なくはない。だが、自分が所有するアパートやマンションがあれば、いつでもそこに住むことができる。その安心感は精神的に大きい。

そのためにも、私は不動産投資をするなら「いざとなったら自分がそこに住んでもいい」と思える場所、思える物件を購入すべきだと考える。

「自分が住みたくない家」は、他人にとっても「あまり魅力的ではない家」だ。入居者の集まりが悪く、家賃収入がスムーズに入ってこないかもしれない。

終の棲家にふさわしいか否か。そんな条件で投資物件をフィルターにかけてはどうだろうか。

第9章

サラリーマンよ、自分の〝会社〟＝〝法人〟を設立してお金を残せ

第9章のポイント

● プライベートカンパニーは白色申告・青色申告で十分だが、法人化のメリットも大きい

メリット① 法人への優遇は続く

メリット② 損益はすべて通算される。所得税の所得別に通算ができる・できないといった恣意的な境界線はない

メリット③ 信用力が個人より高い

メリット④ 法人は死なないから、相続が発生しない（ただし「株式」の相続は発生する）

メリット⑤ 法人なら株を譲渡することで、事業継承の形で親から子へ事業を移すことができる（ただし、贈与税が発生することがある）

メリット⑥ 法人形態に依存するが、有限責任とすることができる（個人事業主は無限責任で、もしものときの責任が重い）

● 法人化にはデメリットもある

デメリット① 設立が面倒で、法人登記などの費用がかかる

デメリット② 厳密な会計・税務、社会保険、登記など、制度上の対応が必要になる

● 日本国は法人税の軽減化に舵を切った
● 法人税は課税所得800万円を境に税率が変わる。税率を意識して、利益を稼ぐ必要がある
● 法人はどんどん設立ができるため、事業のクローン化が可能。不滅の事業クローンを増殖させていこう
● 法人の「株式」の相続や贈与については、税理士にきちんと相談すること

1 わが実家の〝会社〟

第4章でも述べたが、私は「最初にプライベートカンパニーを立ち上げるなら白色申告でじゅうぶん」だと考えている。何も最初から無理をすることはない。一番ハードルが低く、手軽に始められる白色申告でも、たくさんのメリットがある。自分が始めやすいと思う形を選べばいい。

サラリーマンが副業を始め、法人まで作れば、本業に影響が出ないとはいい切れない。社内の規定に抵触するおそれもある。

だが、そうしたリスクも踏まえた上で、もし、もっと節税したい、そして事業を長く継続させたい、自分に何かあったときのことを考えて家族のためにお金が残る仕組みを作りたいと真剣に考えるのなら、法人化をお勧めする。

私の場合、個人事業のほかに、法人を2社作っている。第7章で紹介した実家の私の父も法人化を果たした。アパート・マンションを法人で購入し、賃貸に出して、家賃収入を得るビジネスだ。

法人化による恩恵は予想以上に大きかった。累進課税の所得税と違って、法人税の場合は、800万円を超えると税率は一律となる。所得が大きい場合は、法人の方が税金を節約できる。法人化したことで、退職金や給与を家族に支払うことが可能になり、節税効果もある。もちろん、働いてもらっているのだから、給与を払うのは当然だ。

法人の代表者である私や父が死んだ後も、法人は消滅しない。「株式」を相続し、登記事項を変更すれば、家族が事業を継承できる。「株式」を贈与することで継承することもできる。ただし、この「株式」には相続税または贈与税が発生する可能性はあるので必ず税理士に相談しよう。

プライベートカンパニーは、最初は白色申告からでも構わない。白色よりも少し手間はかかるが、メリットの多い青色申告を選ぶのもいいし、白色から途中でシフトするのも一つの方法だ。でも、もし事業収入が大きく膨らんできたら、法人化を視野から外さず、選択肢の一つとして検討してみてほしい。

2●法人の設立なんて、簡単、簡単

法人の設立はプロに任せた方が絶対にいいという意見もあるが、自分でもできる。

事実、私の父は設立当時65歳だったが、プロに頼まず、一人で法人を設立した。私はまったく手伝っていない。父が前職でそうしたキャリアを積んでいたわけでも何でもない。他の誰の力も借りず、自分だけで法人化にこぎつけた。

会社を作るとなると、複雑な手間と高度な専門知識が必要のように思われるが、それは単なる思い込みだ。時間さえかければ誰でもできる。

そう、ポイントは知識やスキルではない。時間である。時間をかけずにやろうとするならプロに頼むのが一番だが、少なくとも20万円の出費は覚悟した方がいい。時間イコールお金である。支出を抑えたいなら、時間を惜しまず手続きすればいいだけだ。

ちなみに、私は父と違って、専門家に任せた。自分の時間が惜しかったからだ。逆に、父にはたくさんの時間があった。興味もあったのだろう。自分でやるといって、本当に設立までこぎつけてしまった。昭和一桁生まれはまじめで実直だと、改めて驚いた。

会社設立の手続きには、発起設立と募集設立の2種類があるが、簡単かつ迅速に設立手続きが可能なのは発起設立だ。ここでは、発起設立の手順を紹介しよう。

①　定款を作る
②　公証人役場で定款の認証を受ける
③　銀行に資本金を払い込む
④　法務局に提出する書類を作成する
⑤　法務局に書類を提出する
⑥　関係各所に書類を提出する（税務署、市町村役場、県税事務所、年金事務所）

①の定款を作る前には、会社名（商号）、事業目的（将来も含めて）、本店所在地、資本金額、決算月を決めておこう。

定款はインターネットで検索すればひな形がいくつも出てくるので、それを参考にすればいい。会社保存用原本、公証役場提出用、法務局提出用と、同じものを3部作成しておく。その上で、個人の印鑑を実印登録し、会社印を作ろう。作るのは、会社代表者印、会社の角印、銀行印の3種類だ。

①が終わったら、作成した3部の定款を持って、公証人役場に出かける。内容をチェックしてもらい認証を受けよう。ここでは、認証手数料5万円、収入印紙代4万円、謄本は1ページ250円の費用が発生する。

次に出かける先は、自分が普通預金口座を開設している銀行（あるいはATM）だ。自分の個人口座に資本金を払い込んだら、銀行通帳の表紙、裏表紙、払込金額が表示されているページのコピーを取る。

この後が面倒といえば面倒だ。③まで終わったら、法務局に提出する書類を作ろう。株式会社設立登記申請書、収入印紙貼付台紙、登記すべき事項を保存したCD－R、定款の謄本、発起人の決定書、代表取締役の印鑑登録証明書、会社印の印鑑届書、払込を証する書面、登録免許税納付用台紙、取締役会議事録、代表取締役の就任承諾書、監査役の就任承諾書、取締役の就任承諾書、取締役全員の印鑑証明書、調査報告書といった書類を一式まとめて、法務局に提出する。

煩雑な作業ではあるが、わからない点があれば法務局に出向いて直接尋ねるのが一番だ。

今はお役人が親切丁寧に教えてくれる。インターネット上の情報も参考にしながら、書類を完成させよう。

登記が完了したら登記完了日に再び法務局へ行き、印鑑カード交付申請書、印鑑証明書及び登記事項証明書交付申請書を提出して、印鑑証明書や履歴事項全部証明書を取得する運びとなる。

その後は⑥の通り、関係各所に出向いて必要な手続きを取る。これは、それぞれの機関に確認するのが一番いい。

このようにすべての作業を自分一人でやろうと思うと、労力も時間もかかる。何度も作成し直したり、足を運び直したりしなければならないかもしれない。

それでも費用は格安だ。会社設立のための実費は、トータルで25万円ほどかかる。その上に司法書士や税理士に頼むとプラス20万円は必要だ。時間を取るかお金を取るか。

法人設立の経験などまったくない65歳の父でも何とかできた、ということは強調しておきたい。

■法人所得に対する税負担（2015年4月1日以後開始事業年度）

課税所得金額の区分	400万円以下	400万円超 800万円以下	800万円超
法人税	15.00%	15.00%	23.90%
地方法人税	0.66%	0.66%	1.05%
法人住民税			
（1）都道府県民税	0.48%	0.48%	0.76%
（2）区市町村民税	1.45%	1.45%	2.31%
事業税	3.40%	5.10%	6.70%
地方法人特別税	1.46%	2.20%	2.89%
総合税率	22.45%	24.89%	37.61%
実効税率	21.42%	23.20%	34.33%

※　法人住民税および事業税については東京都の場合の例示。ただし下記を条件とする。
資本金は1億円以下。資本金が5億円以上の大法人の100%子会社には該当しない。
法人税額が年1,000万円以下、かつ、所得金額が年2,500万円以下。
2以下の都道府県に事務所・事業所が所在。
（出所）日本貿易振興機構（ジェトロ）ホームページ

3●個人の所得税は不利？所得税と法人税の違いによる法人の利点を知ろう

サラリーマンはもとより、個人事業主にかかる税金も、所得が多くなれば多くなるほど税率が上がっていく。

個人事業主にはさまざまな支出を経費化でき、青色申告特別控除や専従者控除を受けられるといった利点はあるが、それでも所得税・住民税・事業税は重くのしかかっている。

個人の場合、課税所得が1800万円を超えると所得税率は40%、4000万円を超えると45%だ。

一方、法人税は、800万円以下は15%、

800万円超は23・9%だ。住民税と事業税を足した合計の税率を見ても、法人所得400万円以下なら実効税率は21・42%、800万円以下なら23・2%、800万円超なら34・33%である。

法人設立や維持に費用や手間がかかり、赤字でも地方税の均等割7万円が発生するデメリットもあるが、経営者本人に給与所得控除が適用できたり、欠損金を9年間繰り越せる、経営者本人や家族従業員にも退職金を支払うことができる、経費計上できる費用が多いなど、やはり法人が有利だといわざるを得ない。

4 舵は切られた! 法人はこれからますます優遇される

国税である法人税と地方税である法人住民税と事業税。この三つの税率を足したものを、法定実効税率という。今ではよく知られるようになったが、日本の法定実効税率はかなり高い部類に属する。

2014年度の財務省の調べによれば、日本の法定実効税率は36・99%。アメリカに次いで2番目に高い数字だ。

政府は今、この税率の見直しを進めている。2015年度は32・11%。2016年度には31・33％に引き下げることが決定しており、最終的な目標は20％台だ。この方向で進むことは確定的と見た方がいい。

資本金1億円超の大企業に関しては、これまで最大9年間、赤字の80％を毎年の課税金額から差し引いてもらえた「繰越欠損金」が、2015年度には65％、2017年度には50％へと段階的に縮小される見通しだが、中小企業においては関係ない。生じた赤字すべてを繰越欠損金にできる。100万円の赤字が生じた場合の繰越欠損金は、これまでと変わらず100万円だ。

日本の総企業数約260万社のうち、資本金1億円以下の中小企業が占める割合は99％以上。一つひとつの規模は小さくても、中小企業は日本経済の屋台骨だ。だからこそ、経済活性化のために、中小企業に対してはこれまでも税制面で優遇措置が講じられてきた。この方針は、今後も変わることはないだろう。法人税はますます優遇されると見て間違いない。

5●法人をクローン化せよ

もし、事業収入が大きく増えた場合には、複数の法人立ち上げを考えた方がいい。

法人税は、所得800万円が一つの目安。このラインを超えると、法人税の割合が大きく変わる。800万円以下の法人税は15％だが、800万円を超えてしまう部分は23・9％となる。

であれば、所得が800万円を超えそうなら、新しく会社を作って所得を分けた方が法人税を抑えられる。法人所得が1500万円ある会社を例に計算してみよう。

〈一つの会社として法人税を支払う場合〉

800万円×15％＝120万円

（1500万円－800万円）×23・9％＝167万3000円

合計　287万3000円

〈所得700万円と800万円の二つの会社で法人税を支払う場合〉

700万円×15％＝105万円

800万円×15％＝120万円

合計　225万円

以上のように、会社を二つに分けた方が法人税は62万3000円も安くなる。これが、所得の平準化効果だ。不動産投資であれば、1棟ごとにそれぞれの法人が所有するという形で考えてはどうだろう。

6●法人化による手間とコストと自動化

現在、私は二つの法人を持っている。

手間がかかるのではないかと尋ねられることが多いが、率直にいって、それほど手間とは考えていない。それは、信頼できる管理会社と良好なパートナーシップを築くことができているからだ。

毎月、管理会社から送られてくる資料を見て、前月と今月で退去者や家賃の滞納など、何か異常な動きがないかをチェックし、気になる点があればすぐに管理会社に確認している。あとは、修繕の相談、指示などだ。

私の手間といえばその程度。空き室が出ても客付けを迅速に行ってくれるので、空き室リスクに悩んだ経験はほとんどないし、入居者のトラブルで手を焼いたこともほとんどない。家賃が入金されなかった場合はすぐに管理会社が督促をしてくれるため、滞納が長引くといったトラブルとも回避できている。

部屋の中で入居者が孤独死した、というケースに遭遇したことはあるが、管理会社が普段から入居者との連絡を密に取っていたため、発見が早く、大事に至らなかった。孤独死が出ると、入居率に影響が出ると考える人は多い。だが、事実を正直に告げ、家賃をかなり抑えて入居者を募集すると、すぐに次の入居者が決まった。事故物件でも構わないという人は一定数いるのである。

こうしたリスクを恐れてしまうと、不動産投資はできなくなる。だが、心配してばかりいては始まらない。待っていては何も起きない。何事にもリスクはつきもの。あとは、そのリスクをどうやって低減するかだ。

私の場合、管理会社も銀行も、信頼関係を築けるパートナーが見つかった。いや、見つかったというよりも、見つけたといった方が正解か。自分の頭を使い、足を使って、よいパートナーを探す努力をしたからこそ、たどりついた結果だ。

楽して儲けようと考えても、現実はそう甘くない。知力、体力を駆使しなければ、よいパートナーなど見つかるはずがない。

しかし、努力して信頼できる相手を確保できれば、あとはほぼ自動化の形で不動産投資を回していくことができる。

ポイントは三つだ。

① 手間をかけて信頼できる業者を見つけること
② プロへのコストを惜しまないこと
③ あとは自動化して手間を省くこと

①と②ができれば、手間はほとんどかからない。自動的にお金が回っていく仕組みを作ったも同然である。

この章の最後に念を押すが、②は大切だ。特にプライベートカンパニーを経営するということは、事業を営むことになるわけで、税理士をはじめとして、司法書士や弁護士、社会保険労務士など多くの専門家のサポートが必要になる。特に、税金に関することは、所得税、法人税、相続税、贈与税などの重要な税金に限らず、すべて必ず税理上に相談することをおすすめする。税金をきちんと納めることは国民の義務であり、正しい納税のためには、専門家による正しいアドバイスが必要なのだ。

第10章

その〝会社〟は誰のもの?

第10章のポイント

- 従業員としてあなたが勤めている会社は「あなたのもの」ではない
- 誰もあなたの人生の責任は取ってくれない
- 自分が稼ぐお金で豊かさが変わる
- あなたの会社とあなたの不動産は、老後もずっとあなたのもの

1 ● 勤めている会社は「あなたのもの」ではない

日本のサラリーマンは勤勉でまじめだ。転職が珍しくなくなった今でも、多くのサラリーマンは所属する会社に忠誠を誓い、ひたむきに働いている。それゆえに、会社と自分を同一視し、あたかもその会社が自分のものであるかのように感じている人は多い。

しかし、一歩引いて考えてみよう。会社は誰のものだろう。間違ってもサラリーマンのものではない。どんなにがんばって働いても、それはあなたの会社ではない。

所属する組織のためにまじめに勤め上げるのは正しい行為だが、資本主義の世界では、

いかに業績を上げたとしても、しょせんは従業員だ。辞めてしまえば、会社との縁は切れる。そこで終わりだ。

厚生年金基金の解散が相次いでいることをご存知だろうか。厚生労働省によれば、2015年1月末に存在した471基金のうち、368基金が解散方針を決定している。

厚生年金基金が払う年金は「国の厚生年金の一部を代わりに払う分」と「基金独自の上乗せ年金」の合計額だ。厚生年金基金が解散したからといって、国の年金に相当する分については心配はいらないが、「基金独自の上乗せ年金」は基金の解散とともに支払いが終了する。本当であれば、生涯もらえたはずの「基金独自の上乗せ年金」はもらえなくなるのだ。

このように、サラリーマンが忠誠を尽くして働き続けても、理不尽な目に遭うことはままある。ことは年金に限らない。出向、リストラ、企業買収、給料の激減。自分の意志のまったく及ばないところで人生が変えられてしまうケースは枚挙にいとまがない。

私はこれまでコンサルタントとして、いろいろな会社を見てきた。外資系企業に買収され、上司が突然外国人になって右往左往する人、会社がバラ売りされ、自慢だった会社の「看板」が使えなくなり、自信喪失した人を何人も見てきた。重要な仕事に関わっていると思ったら、定年で退職せざるを得ない人。自分の人生を自分で舵取りできない状況をたくさん目にしてきた。

目を覚ました方がいい。会社は「あなたのもの」ではない。自分の意志でコントロールできる対象ではないのだ。

2 誰もあなたの人生の責任は取ってくれない

サラリーマンはある意味、楽ちんではある。あまり考えずにいても、会社に所属し、上からの命令に従って仕事をこなすだけでも給料はもらえる。

しかし、楽だからといって思考を停止し、会社に依存すればするほどそこから抜け出せなくなる。「現代の奴隷」というのはいいすぎだとしても、それに近い。いや、同じ奴隷でも、古代の奴隷の方がよかったかもしれない。奴隷として働いても、お金を貯めて自分を買い戻し、自由民になることができたからだ。果たして現代では、自由民としての自分を買い戻せるのだろうか?

会社に全部依存してしまうと、結局、会社のいいように使われるだけだ。自分のものではない会社を自分のものと勘違いして滅私奉公しても、誰もあなたの人生を守ってくれない。後の人生の面倒は見てくれないのだ。

だから、サラリーマンをやめて独立せよ、というつもりは毛頭ない。

日本の社会では、サラリーマンであることに多くの意義があり、メリットがたくさんある。ある意味恵まれた立場である。そうした恵まれた立場のサラリーマンを続けながら、サラリーマン生活に依存せず、自分でコントロールできる事業を始めればいい。プライベートカンパニーを作り、自分の力でお金を稼ぐベースを作ればいいのだ。自分で稼ぐ力があれば、自由民の身分を買い戻せる。誰に命令されるでもなく、誰かの承認を受ける必要もない。

会社の看板とは関係なく、自分の力だけでお金を稼ぐ道を切り開こうとすれば、苦労も多い。直面する問題は自分一人で解決しなくてはならない。

だが、その分、自由度は高い。自分で自分の生き方を左右できる。

もう、支配される一方の生活は終わりにしてはどうだろう。われわれは資本主義の世界に生きている。そのよさを活かさない手はない。資本主義の世界で従業員という立場しかないと、しょせんは支配される一方だ。

3●自分が稼ぐお金で豊かさが変わる

仕事は私にとって生きがいの一つだ。その思いを共有する日本人は多数派ではないだろうか。

私はプライベートカンパニーを作り、不動産投資をして家賃収入を得てはいるが、「大家になって稼いだお金で悠々自適のリタイア生活を送ろう」などとはつゆほども考えていない。ちょっと大げさにいうならば、プライベートカンパニーで営んでいる事業は、自分の人生の面白さを賭けたゲームに近い。

いかにこのゲームで勝つか。その目的のために、投資する不動産を絞り込み、購入し、賃貸に出し、効率的にお金が入ってくる仕組みを作り、節税の方法を考えて行動に移す。それが思い通りになったときには格段の喜びがある。これはまさしくゲームだ。

だから、じゅうぶんに儲けているから「もう働かない」という選択肢は私にはない。「経済的な自由」を得られたから引退しますという生き方はつまらない。私は、身体が動く限り永久に働き続けたい。

残念ながら、体力は加齢とともに落ちる一方なので、ホテルでも、食事でも、できるだけパフォーマンスが上がるところを選ぶようになった。グリーン車やビジネスクラスなどでの移動もその一環だ。これらの費用は経費として計上している。それが、次の仕事につながる支出だからだ。

単なる個人的な贅沢でお金を使ってしまえば「なくなって終わり」だが、プライベートカンパニーを作り、自分の意志で事業を営めば、豊かな体験をしながら、次につながるお金の使い方ができる。仕事を続けていくための費用としてお金をコントロールし、精神的にも経済的にも豊かな体験ができるのである。

ぜひとも、そんな生活を、プライベートカンパニーを立ち上げることで追求してほしいと思う。

4 あなたの会社とあなたの不動産は老後もずっとあなたのもの

サラリーマンという立場とは別に、もう一つ、お金を稼ぐ道を別に確保しておけば、安心感が絶対的に違う。

会社で不遇をかこっても、リストラという事態に直面しても、子会社への出向を命じられても、会社だけに依存していなければ善後策を立てやすい。次の一歩へと踏み出しやすい。

年金があれば普通の暮らしは送れるかもしれない。だが、両親の介護にお金を惜しまず、子どもの教育にたっぷりとお金をかけたいのなら、「お金の貯水池」に注ぎ込む水の流れを複数設けよう。そして、可処分所得を増やすのだ。プライベートカンパニーを立ち上げて、事業を始めておけば、いざというときに金銭的な救いの手となる。精神的な余裕も生む。たくさん稼ぎ、たくさんお金を残し、きちんと納税しよう。

そしてもし、自分が病気になって働けなくなったり、動けなくなったり、あるいは死んでしまったあとの家族のことが心配なら、躊躇せずに法人化に踏み出そう。

「お金の貯水池」は、あなたに何かがあったとしても、急速に枯渇はしない。所定の手続きさえ取れば、今までと変わらず水を豊かにたたえ、残された家族を支えてくれる。

サラリーマンよ、プライベートカンパニーを立ち上げ、「お金の貯水池」を豊かに保つ効率的な方法を考え、実現し、お金を残そうではないか。お金のコントロール力を取り戻し、ぜひとも生きがいのある楽しい人生を送ってみようではないか。

【著者紹介】
石川貴康（いしかわ　たかやす）
茨城県生まれ。早稲田大学政治経済学部政治学科卒、筑波大学大学院経営学修士。
アクセンチュア、日本総合研究所などを経て独立。本業は企業改革コンサルタントで、不動産投資家としての顔も持つ。現在、法人・個人合わせて13棟のマンション・アパート、4つのワンルーム、8つの借地を所有、3法人を運営、本人、妻、父、母ともに個人事業主でもある。本業や不動産投資についての著作、コラム、講演等も多数。

連絡先：
メールアドレス：realsmarter@gmail.com
ブログ：http://ameblo.jp/realsmart

いますぐプライベートカンパニーを作りなさい！
サラリーマンが給料の上がらない時代にお金を残す方法

2016年4月21日　第1刷発行
2021年4月16日　第7刷発行

著　者――石川貴康
発行者――駒橋憲一
発行所――東洋経済新報社
〒103-8345　東京都中央区日本橋本石町1-2-1
電話＝東洋経済コールセンター　03(6386)1040
https://toyokeizai.net/

装　丁…………漆崎勝也
DTP…………寺田祐司
印刷・製本……丸井工文社
編集担当………岡田光司

Printed in Japan　ISBN 978-4-492-73333-2